Soziale Phobie: Die Krähe und der Papagei

Die Geschichte einer sozialen Angststörung aus Sicht eines
Betroffenen - Mit viel Hilfe zur Selbsthilfe

Autor: Mutiger Angsthase

Soziale Phobie: Die Krähe und der Papagei. Die Geschichte einer sozialen Angststörung aus Sicht eines Betroffenen.

1. Auflage 02/2015
2. Auflage 09/2015

http://soziale-phobie-portal.de

Herstellung und Druck: CreateSpace.com

ISBN-13: 978-1507600771

ISBN-10: 1507600771

Kontakt zum Autoren „Mutiger Angsthase“:
info@soziale-phobie-portal.de

WIDMUNG

Dieses Buch widme ich meiner Frau. Du hast immer zu mir gehalten und selbst dann an mich geglaubt, als ich es selber nicht mehr tat. Danke Spatz, Du bist großartig!

INHALTSVERZEICHNIS

1 Einleitung 1

2 Was führte dazu? 4

   2.1 Kindheit 4

   2.2 Pubertät und Jugend 9

3 Der Ausbruch der Krankheit 25

4 Studium in Osnabrück 31

5 Bei den Autonomen 43

6 In Vechta 57

7 Ein Teil der Gesellschaft 61

8 Der totale Absturz oder das heulende Elend 74

   8.1 Stationäre Therapie in Lengerich 77

   8.2 Quälend lange auf der Suche 84

   8.3 Stationär in Osnabrück 92

   8.4 Therapie in Bad Bramstedt 102

9 Zurück im Leben 131

10 Quellenangaben 133

11 Anhang. Was hilft gegen eine soziale Phobie? 134

1 Einleitung

Dieses Buch soll all denen Mut machen, die unter einer sozialen Phobie leiden. Es soll zu einem besseren Verständnis der Krankheit beitragen und aufzeigen, welche Wege man gehen kann, um aus der Misere zu entkommen bzw. das Leid zu lindern. Es soll darstellen, dass es neben der Phobie und den bitteren Folgen auch noch Nischen und Möglichkeiten gibt, das Leben angenehm zu gestalten. Die Angststörung ist nur ein Teil eines Menschen. Es soll aber auch schonungslos beschreiben, wie einen die soziale Phobie durchrütteln und zu Boden ringen kann. Schildern, welches Leid und welche gefühlten Katastrophen es durchzustehen gilt. Darüber hinaus dient dieses Buch dem Autoren dazu, sich zu befreien und alles herauszuschreiben, sich mit der Phobie und ihren Ursachen auseinander zu setzen. Es geht darum, sich vieler Dinge zu entledigen und endlich Frieden zu finden.

Neben dem Heute gibt es ein Morgen und auch ein Übermorgen. Manchmal braucht man einen langen Atem. Manchmal denkt man diese regnerische und stürmische Nacht hört niemals auf, voller Zweifel, Sorgen und Selbstvorwürfen, doch das tut sie, vielleicht, irgendwann. Man muss nur daran glauben und weitermachen, sich selbst nicht aufgeben. Das, was in diesem Buch geschrieben ist, stellt die manchmal bittere Realität dar. Namen wurden verfälscht. Ähnlichkeiten mit Personen können zufällig oder gewollt sein. Wer sich deswegen auf den Schlips getreten fühlt muss das wohl leider so hinnehmen - es ist wie es ist - wie alles im Leben.

Rückblickend gab es Warnsignale, Alarmhinweise, jede Menge. Da ich aber als junger Mensch keine Ahnung hatte, wie sollte ich sie erkennen?

Ich hatte wohl schon immer ängstliche Tendenzen in mir, aber das, was von einem Tag auf den anderen über mich hereinbrach - vermutlich ausgelöst durch Drogen (zu viel gekifft im Irland-Urlaub) - war die brennende Hölle schlechthin. Ein Albtraum, welchen ich in diesem Ausmaß noch nicht kennengelernt hatte. Ich kam aus dem Urlaub zurück in meine Arbeitsstätte. Damals - ich war knapp 20 Jahre alt - leistete ich meinen Zivildienst in einer Freizeitstätte für Senioren und Behinderte ab. Ich wurde einfach nur gefragt wie denn der Urlaub war, und es war mir nicht möglich, die Frage zu beantworten. Ich bekam Schweißausbrüche, wurde feuerrot (wie ich das und mich selber fortan dafür gehasst habe) und erntete verständnislose Blicke. Von einer Sekunde auf die andere waren meine Muskeln völlig verspannt. Ich bekam Atemnot als ob ich einen unfassbaren Marathon gelaufen wäre und ich konnte nichts dagegen tun. Ich wusste überhaupt nicht, was mit mir passierte. Eine Panikattacke. Diese ratlosen Blicke, diese fragenden Gesichter, die Unsicherheit in der Mimik der Anderen. „Was ist denn mit dem los?", „Der ist ja merkwürdig!", „Ein Spinner, ein komischer Typ" - so fürchtete ich würden die Anderen denken.

Von diesem Tag an begann die Angst sich zu verselbstständigen. Hatte ich sie zuvor schon einige Male in der Schule kennengelernt, wenn ich vor der Klasse etwas vortragen sollte, so nahm sie nun ihren Platz bei allen sozialen Kontakten ein. Sie fraß sich in alle Bande, alle Kommunikation, ja alles Zwischenmenschliche mit ALLEN Menschen hinein, ohne Ausnahme. Sie füllte meinen Kopf, mein Denken, meine Erwartungen. Sie floss durch alle Hirnwindungen, vernichtete die Botenstoffe zwischen den Synapsen und machte mir so ziemlich jeden Tag zur Hölle. Angst vor Menschen, Angst angesehen, angesprochen zu werden, immer, jederzeit.

Manchmal habe ich Sozialphobiker beneidet, welche vielleicht Schwierigkeiten haben, einen Vortrag zu halten, im Mittelpunkt zu stehen, vor Anderen zu essen. Ja, ich weiß, auch dieser Leidensdruck kann schlimm sein und viel Lebensqualität stehlen. Ich will das auf keinen Fall herunterspielen. Eine Beschränkung ist eine Beschränkung. Es kommt letztlich drauf an, wie intensiv man das dadurch entstehende Leid empfindet. Ich hatte Schwierigkeiten mit ganz und gar allen Menschen, egal ob Freund oder Fremder, sogar bei meiner Mutter. Ich konnte Menschen nicht mehr in die Augen schauen, dachte, in ihren Gesichtern immer Irritation zu sehen: „Was ist los mit diesem Irren?". Ich war völlig gelähmt, blockiert, angespannt, wusste nicht mehr wie ich locker sein kann und habe mich abgrundtief gehasst und verurteilt dafür, die Krähe hatte sich auf meiner Schulter festgekrallt. Gratis kam noch eine Depression dazu. Wenn man eigenes Verhalten ablehnt, eigenes Sein verurteilt, dann wird man fast zwingend traurig und depressiv.

Auch mit Menschen, mit denen ich ein tiefgehendes Vertrauensverhältnis hatte, konnte ich mich nicht mehr befreit unterhalten. Ich hatte Angst vor jedem, egal vor wem. Hallo soziale Phobie, ich habe nicht auf Dich gewartet und Dich auch nicht eingeladen! Ich hatte Angst, mich zu blamieren, Angst vor negativer Bewertung, Angst, dass Andere meine Angst sehen und mich dann ablehnen. Angst vor der Angst, schon im Vorfeld zwischenmenschlicher Kontakte. Eine Unterhaltung ging eigentlich nur wenn ich mir ordentlich einige Bierchen mitbrachte. Es ist kein Witz, ohne Bier bin ich privat eigentlich kaum noch zu irgend-welchen Treffen hingegangen, armselig aber wahr. Aber ich kann nichts dafür, trotz eines eigenen Willens. Angst führt zu Vermeidung, und mit Alkohol lässt sich die Realität herrlich vermeiden.

2 Was führte dazu?

2.1 Kindheit

Geboren wurde ich in Hamburg und hatte dort im Großen und Ganzen ein prima Leben. Mein Vater war Lehrer, meine Mutter Biologin. Ich bin, wie man so sagt, wohlbehütet in mehr oder weniger geordneten Bahnen groß geworden. Ich wuchs - zusammen mit zwei Schwestern - in einem kleinen Reihenhaus auf, hatte eine Menge guter Kumpels, mit denen ich die Gegend unsicher machte und fühlte mich sehr wohl. Zu meiner Mutter hatte ich in Hamburg immer ein recht enges Verhältnis. Sie war die gute Seele des Hauses, der umsorgende Ruhepol und das Gute in Person. Sie war immer da, warmherzig und ausgestattet mit einem einwandfreien Charakter. Ein positiv beeindruckender Mensch.

Mein Vater war zu der damaligen Zeit - soweit ich mich erinnere - auch eine (meist) angenehme Gestalt. Dennoch war er mir manchmal fremd. Ich merkte schon als Kind, dass dort Risse in seinem Wesen, seiner Seele und seiner Verkörperung als „Vorbild" waren. Ich hatte manchmal Angst vor ihm - war er doch zuweilen jähzornig, aufbrausend und unberechenbar, teilweise fast schon linkisch und fies.

Meine Großväter waren beide früh gestorben. Ich glaube schon vor meiner Geburt, aber zwei Omas lebten noch. „Oma Hamburg" und „Oma Berlin". Bei „Oma Hamburg" war ich nicht zuletzt aufgrund der räumlichen Nähe oft zu Besuch. Ein Schlaraffenland. Es gab dort immer Süßigkeiten und Fernsehen so viel ich wollte - was ich weidlich ausnutzte, durfte ich doch bei meinen Eltern nur drei Sendungen in der Woche sehen. Also schaute ich „Biene Maja", „Sesamstraße", „Western von Gestern" und „Captain Future", alles an einem Tag und futterte „Prinzenrolle"-Kekse und weiße Mäuse bis mir schlecht wurde. Danach gab es Eierpfannkuchen mit ordentlich Zucker. Manchmal gingen wir auch Enten füttern - immer eine Toastbrotscheibe für mich (mit Nutella - hatten wir zuhause nicht) und eine Scheibe ohne Nutella für die Schnabeltiere. Anschließend gingen wir immer zu „Kleinpreis", so ein Ramschladen mit lauter Billigware. Da durfte ich mir dann etwas für eine Mark aussuchen; ich habe meistens Cowboyfiguren, Munition für meine Plastikpistole oder Seifenblasen gewählt. „Oma Hamburg" war ein Kracher. „Oma Berlin" war aber auch nicht schlecht, kam zwar eher selten zu Besuch, dafür gab es dann aber immer gleich die „volle Dröhnung", manchmal 50 Mark. Dafür hab ich mir dann ein neues Plastikgewehr und Munition für einige Monate gekauft. Emotional hab ich von beiden damals glaub ich nicht so viel mitbekommen, außer dass ich beide immer ziemlich nett fand, sie immer tolle Geschenke machten und bei mir ausdrücklich sehr willkommen waren. Einmal weiß ich hat „Oma Hamburg" geweint, als meine Schwester und ich abends von meiner Mutter abgeholt wurden.

Ich hatte zwei Schwestern. Eine war ein Jahr jünger, die andere 7 Jahre zurück. Mit beiden verstand ich mich gut. Wir spielten Verstecken, Fangen und all das eben. Ein Meerschweinchen hatten wir auch, „Linka" hieß das. Einmal steckten wir es in einen Turnbeutel und wirbelten es herum. Danach musste es kotzen, das arme Tier. Das tat mir fürchterlich leid und ich habe drauf bestanden, nie wieder mit ihm „Astronaut" zu spielen. Ich mochte Tiere, auch wenn ich manchmal vielleicht nicht so recht wusste, wie man mit ihnen umzugehen hat. Naja, ich war ja noch klein. Das Meerschweinchen wurde irgendwann von einer Katze gefressen, daran erinnere ich mich noch, und dass ich tieftraurig war an diesem Tag.

In der Zeit in Hamburg hatte ich sehr viele Freunde, wir waren so richtige Stadtchaoten. Wir fuhren auf unseren klapprigen Fahrrädern herum, fochten Apfelschlachten aus (in unserem Garten gab es jede Menge davon), bauten Höhlen auf Kinderspielplätzen und kickten Fußball auf der Straße. Wir genossen unsere Kindheit, diese Zeit war schön. Zu meinem Vater entwickelte sich allerdings irgendwann ein sehr ambivalentes Verhältnis. Einerseits war er - für Kinder wohl so üblich - ein großes Vorbild für mich. Ich ging mit ihm angeln, begleitete ihn auf meinem kleinen Fahrrad beim Joggen, ließ mit ihm Drachen steigen und freute mich, wenn er da war. Einmal zeigte er mir ein leeres Wespennest auf dem Dachboden. Aus einer Luke heraus konnte man die Flutlichtmasten vom Volksparkstadion sehen, auch dort war ich einmal mit ihm, seitdem bin ich HSV-Fan. Andererseits hatte ich auch manchmal etwas Angst vor ihm. Er brüllte oft herum und ich kann mich an mindestens drei Situationen in meiner Kindheit erinnern, in denen er meine Mutter verdrosch. So richtig heftig und derbe. Einmal, im Winter, hatte er ihr eine blutige Lippe verpasst. Ich weiß noch wie sie weinend in den Garten flüchtete und das Blut in den Schnee tropfte, das vergesse ich nie. Wenn wir im Urlaub waren und meine Mutter eine Pension für uns ausgesucht hatte, die ihm zu nah an der Straße lag und somit zu laut war, dann gab es Geschrei - manchmal auch Dresche. Ich verstehe bis heute nicht, warum sie lange Zeit bei ihm blieb. Ein bisschen habe ich es ihr übel genommen. Das war feige fand ich, das lässt man doch nicht mit sich machen. Vermutlich blieb sie wegen uns Kindern bei ihm. Wer weiß. Sie hatte wohl ihre Gründe.

Ich war damals recht gut im Schach, gewann schon als kleiner Junge eine Menge Partien, auch gegen die „Großen". Eines Abends schlug ich auch meinen Vater - und das im Spiel der Königsmörder. Ich war ungefähr 7 oder 8 Jahre alt und bekam danach eine Tracht Prügel, die ich nie vergessen werde. Er schlug mich windelweich, weil ich gegen ihn im Schach gewann! Das muss man sich einmal vorstellen, seinen eigenen Sohn, den es doch zu fördern galt! Einige Tage später waren wir in unserem Schachverein, dort machte ich eine kleine Andeutung. Von ihm kam nur ein zischendes „Tscht, ruhig!", dieser feige Bastard!

Oft gab es auch bei gemeinsamen Aktivitäten Riesengeschrei von ihm - im Bösen - weil beim Angeln ein Fisch durch die Lappen ging, wir bei einem gemeinsamen Fußballspiel gegen andere Kinder und Eltern verloren oder sonst eine Lappalie. Er konnte in seinem narzisstischen Sein nicht verlieren und war nicht in der Lage, den „Spaßfaktor" eines Spiels zu genießen. Und ich war ein Kind, das seinem Vater einfach nur alles recht machen und geliebt werden wollte, mehr nicht! Geliebt und angenommen fühlte ich mich von ihm oft überhaupt nicht, im Gegenteil. Ich verstand nicht warum er so reagierte, ich dachte es liegt an mir, ich dachte ich habe Fehler gemacht.

Er verstand es leider schon früh, einem Dinge madig zu machen. Ich bemühe mich, ihm zu verzeihen. „Schnee von gestern" versuche ich zu denken, es ist vorbei, ich habe es überlebt. Aber es ist eine Sache zu versuchen, etwas zu denken und eine andere Sache, etwas zu fühlen. Da klafft oft eine Lücke. Ich denke mir: Er konnte auch nicht anders, ein Opfer von Opfern (vermutlich) - aber wenn ein Verhalten grundlegend „falsch" war und ist, dann muss man sich dafür entschuldigen. Viele Jahre später hat er dieses gemacht. Heute kann ich ihm verzeihen und verstehe vieles besser, dazu aber später mehr. Vergebung von hier (ich probiere es, damit es mich nicht aufraucht), aber auf keinen Fall ein „Abtun" oder „Wegwischen". Man muss versuchen, Menschen zu verzeihen, sonst macht es einen noch länger kaputt. Leicht ist das nicht immer. Aber es liegt lange zurück, es macht keinen Sinn noch jahrelang einen Groll gegen etwas zu hegen. Verarbeiten, verstehen und gut sein lassen, es ist vorbei.

> Verarbeiten heißt verstehen und etwas gut sein lassen. Es ist vorbei. Ich habe das Recht darauf, auf und über eine Situation oder einen Menschen verärgert oder enttäuscht zu sein. Ich versuche aber zu vergeben und zu verstehen. Auch Menschen, welche uns schaden, handeln in der Regel nicht absichtsvoll. Sie können nicht anders und sind oft selber Opfer von anderen Opfern. Ich versuche die Verantwortung dafür bei dem Anderen zu lassen, ich konnte nichts dafür. Es ist vorbei und ich habe es überstanden. Es liegt in der Vergangenheit und ich versuche in die Zukunft zu schauen.

Sich nicht entschuldigen zu können, für nichts, das ist schlimm. Das nennt man dann mangelnde Größe und ist ein gravierender Ausdruck von Schwäche. Ich wusste, so wie mein Vater früher war, so wollte ich nicht werden, aber einen Teil von ihm habe ich wohl auch in mir - ein Stück Unhold bin ich wohl manchmal leider auch, und das finde ich dann fürchterlich. Manchmal ist es einfach nicht ok, was einem mitgegeben wird, andererseits bin ich dem ja auch nicht hoffnungslos ausgeliefert. Ich bin ja mehr als nur erhaltene Gene und erlernte Verhaltensweisen. Ich habe ja noch einen eigenen Verstand, Willen, Charakter und eine Reflexion. Außerdem sollte man nie vergessen: Es wird einem zwar auch

Grütze mitgegeben, aber auch viel Positives, z.B. eine gewisse Intelligenz oder Zielstrebigkeit. Nicht alles an sich mag man, aber so ist das. Man hat die verdammte Verpflichtung, das Beste daraus zu machen...Shit ist Shit und Gold ist Gold. Der erste Bruch in meinem Leben kam dann im Alter von 12 Jahren. Wir zogen um nach fucking Berlin.

2.2 Pubertät und Jugend

Fucking Berlin. Mein Vater hatte dort eine bessere Stelle gefunden und wir mussten mit. So bitter, aus einem eigentlich insgesamt - von verschiedenen Tobsuchtsanfällen meines Vaters mal abgesehen - recht guten Leben herausgerissen und sich in einer unwirtlichen Umgebung neu beweisen müssen. Wir zogen um und jeder war mit sich selbst beschäftigt. Mein Vater wurde noch mehr Despot und cholerischer Narzisst als er eh schon war. Er stand im Berufsleben massiv unter Strom.

Meine Mutter war, so glaube ich, auch überfordert und jeder musste sich selbst irgendwie durchkämpfen. Ich kam in eine neue Schule, musste mich vor der Klasse vorstellen. Ich hätte kotzen können, hatte große Angst und dachte: Was wird werden? Werden die mich mögen? Bin ich gut genug? Bin ich ok? Alles, was ich in Hamburg hatte, war weg, 300 Kilometer entfernt. Was sollte ich nur tun? Ich vermisste meine Freunde, ich vermisste mein zu Hause - das schöne Leben. Ich war oft traurig, nachdenklich, grüblerisch, fast schon depressiv. In Berlin bin ich eigentlich nie so richtig angekommen, obgleich es auch einige recht gute Jahre gab.

In der Schule fühlte ich mich wie ein Fremder. So nach und nach gewann ich zwar einige Freunde, aber während ich in Hamburg ein toller Hecht war, so war ich in der neuen Klasse oft auch irgendwie am Rand. Von einigen Arschlöchern wurde ich gemobbt. Ich war ein Nichts, und zu Hause gab es auch niemanden, der mich stützte. Meine Mutter mühte sich nach Kräften, doch wurde ich immer verschlossener. Ich fraß meinen Kummer in mich hinein, ließ sie einfach nicht an mich ran. Das war einfach brutal.

Noch heute tut es mir manchmal leid. Sie versuchte, einen Zugang zu mir zu finden, doch ich konnte mich nicht öffnen. Ich war unglücklich, überfordert und traurig. Da war eine tiefe, tiefe Traurigkeit in mir, ich wollte eigentlich nur alleine sein. Außerdem habe ich gemerkt, dass meine Mutter manchmal persönliche Dinge von mir meinem Vater erzählte. Unter Eltern, wenn sie sich Sorgen machen (und das machten sie beide) ist das wohl normal. Mein Vater jedoch nutzte diese im Vertrauen erzählten Details gegen mich aus, setzte es gegen mich ein. Ich konnte sicher sein, fast die Uhr danach stellen, irgendwann kam von seiner Seite ein Vorwurf, drehte er mir daraus einen Strick. Nicht stützen, sondern Stützen wegschlagen, das erschien mir irgendwie sein Motto zu sein. Manchmal, ganz ehrlich, hatte ich das Gefühl, dass mein Vater ein Sadist war und seinen Sadismus bei denen auslebte, die sich kaum wehren können. Vielleicht ist das unfair, aber es war mein Empfinden. Ich glaube spätestens mit 14 hatte ich das Vertrauen in ihn völlig verloren, traute ihm nicht mehr, ja, hasste ihn richtig für sein schlimmes Verhalten.

Ich war ein Spätstarter, eine Null, lief in unmöglichen Klamotten herum, hatte Akne, eine fette Brille (sie nannten mich manchmal „Monitor" oder „Vierauge"), wurde in der Schule aufgezogen und gemobbt. Zu Hause gab es auch keinen Frieden, weil mein Vater mich piesackte und ich in einem Klima der Angst und Anspannung groß wurde.

Sicherlich, finanziell sorgte der Alte gut für uns, emotional-pädagogisch (und er war auch noch ein Pädagoge) war es für mich schrecklich. Es gab schlimme Situationen. Wenn er am Schlafen war (sein Zimmer war auf dem Dachboden) und man im Haus zu laut redete, eine Treppe zu laut knarrte, dann ist er manchmal förmlich ausgeflippt. Er schrie dann herum und trat Türen ein. Ich sehe noch heute sein vor Wut verzerrtes Gesicht und seinen dunklen Bart vor mir. Noch heute sind mir Menschen mit Bärten sehr suspekt, bzw. ich finde diese auf den ersten Eindruck unsympathisch. Zudem hatte ich durch einen Zufall mitbekommen, dass mein Vater eine „Nebenbeziehung" führte. Irgendeine Schlampe, das fand ich widerlich. Treue ist doch wichtig, schon aus Respekt zu dem Menschen, mit dem man sich entschlossen hat zusammen zu leben. Für mich kam das einer Auflösung der Familie gleich, aber wir hatten ja eh keine richtige, so fand ich. Ein Gutes hat es jedoch: Bis zum heutigen Tage ist für mich Fremdgehen völlig unvorstellbar, und das erspart einem unnötige Scherereien. Eine Beziehung ist etwas Heiliges. Und dementsprechend sollte man sich auch verhalten.

Wir fassen also zusammen: Ich war mitten in der Pubertät und fühlte mich in der Schule als ungeliebter Außenseiter. Zuhause herrschte ein Klima der Angst. Der Zwang leise zu sein, sich ruhig zu verhalten - ja sich zu verstecken. Wenn er mich fand, dann quälte er mich, psychisch, er provozierte mich, machte alles schlecht, was ich gerade tat, so empfand ich es. Ich fühlte mich nicht respektiert, ich wollte tot sein, nichts mehr mitbekommen. Es war schrecklich, einfach nur schrecklich. Es gab wenig Hoffnung auf Besserung und niemanden, dem ich mich anvertrauen konnte. Ich war ein Antiheld, jagt mir eine Kugel in den Kopf und erlöst mich von meinem kläglichen Dasein.

Kein Wunder, dass ich in eine satte Depression und eine massive soziale Phobie hereingerutscht bin.

Aber es liegt lange zurück, es macht keinen Sinn, noch jahrelang einen Groll gegen etwas zu hegen. Verarbeiten, verstehen und gut sein lassen, es ist vorbei. Ich habe Schaden davon getragen, aber ich verzeihe mir und Anderen und möchte das Kapitel des Grolls und des Selbstmitleides gerne irgendwann einmal abschließen. Jetzt bin ich erwachsen, ich kann selber entscheiden. Ich brauche keinen Vater mehr - ich kann es gut sein und ihn stehen lassen. Ich habe eine Bindung an ihn, bin aber nicht abhängig, wie es ein Kind ist. Entscheidend ist letztlich nicht das Verhalten von Menschen, sondern seine eigene, persönliche Einstellung zu diesen Verhaltensweisen. Meine eigene Haltung zählt, ich entscheide!

Ich kann mich abgrenzen und festlegen, was ich mit mir machen lasse. Es gibt immer viele Möglichkeiten zu denken und zu handeln, kein klares Reiz-Reaktions-Schema, kein klares Muster. Wichtig ist ein Bewusstsein, dass etwas vorbei ist, dass es lange zurück liegt und man es irgendwie überstanden hat. Wichtig ist: Es gibt keinen Grund mehr, sich klein zu machen, zu schrumpfen. Irgendwann entscheidet man selber. Und entscheidend ist auch: Ich kann nicht fortwährend meine Eltern oder meinen Vater dafür verantwortlich machen, wie ich mich fühle. Auch das eigene Fühlen kann man - in einem gewissen Rahmen - selbst beein-flussen. Es ist ja nicht so, dass Eltern einem für immer auferlegen, was man zu empfinden hat, das regelt jeder Mensch selbstständig. Dass

Eltern eine ungesunde Denkweise jedoch prägen können, ja die Saat dafür (sicherlich ungewollt) ausstreuen können, bleibt unstrittig.

Meine Schwestern hatten, so glaubte ich, mehr Werkzeug, um sich gegen die Situation zu wehren. Naja, die eine war ja noch ganz klein. Meine ein Jahr jüngere Schwester hatte eine gute Entwicklung in der Jugend gemacht. Sie war recht schnell in Berlin integriert, hatte angesagte Freunde und war auch selber angesagt.

Ich hatte irgendwann zwei, drei Kumpels, worüber ich natürlich sehr froh war. Wir waren uns unserer Außenseiterrolle bewusst und haben uns nichts sehnlicher gewünscht als dazuzugehören. Der eine, Emre, hat das so gelöst, dass er immer den Clown gespielt hat. So hat ihn natürlich auch keiner richtig ernst genommen, aber es wurde mit und über ihn gelacht. Und ich habe mich bemüht, zu allen Menschen nett und korrekt zu sein, aber in der wilden Anfangsphase der Pubertät reichte das nicht. Es gab zwei dämliche Wichser in der Klasse. Ich nenne sie „Oleg" und „Boleg". Beide machten sich immer wieder einen Spaß daraus, mich zu beleidigen und zu beschimpfen. Sie waren angesagte Arschlöcher, beliebt, völlig unverständlich. Sie liefen immer in solch „coolen" Footballjacken herum (in den 90ern war das noch „in") und trugen alberne Gelfrisuren. Scheiß Popper! Sie machten immer wieder ablehnende Bemerkungen, wenn ich in der Schule mal etwas sagte (und das kam eh schon selten vor). Sie beleidigten mich, wegen meines Aussehens, sie beschimpften und verspotteten mich, diese Pisser! Ich wurde immer kleiner, verunsicherter, mickriger. Ich wollte so gern dazugehören. Ich wünschte mir so sehr Teil einer Gruppe zu sein, bei Mädels anzukommen, jemand zu sein, egal wo. Ich merkte aber, dass ich, egal ob in der Schule oder in den Kreisen meiner ein Jahr jüngeren

Schwester auf Ablehnung stieß. Das hinterließ bei mir ein Gefühl der Traurigkeit, Wehmut und Verzweiflung. Ein Gefühl der Isolation, ich war ein Ausgestoßener und Geächteter. Ich habe immer ganz genau hingehört, die Lauscher ordentlich aufgesperrt, ob wieder jemand etwas gegen mich sagte. Ich glaube oft habe ich auch Sachen gehört, die vielleicht gar nicht so gesagt wurden. Es geht ja oft auch darum, welche Nachrichten man wie „hört". Viel später, in einer Klinik, habe ich mal gelernt, dass es vier Variationen gibt, Nachrichten zu empfangen (Schulz von Thun 1981).

Nehmen wir mal:

„Das ist voll scheiße in welchen Klamotten Du mal wieder herumrennst, Du hässlicher Vogel".

Da gibt es die sachliche Informationsebene: Oh, der Typ findet meine Klamotten nicht gut, das ist schade, aber sein Problem und nicht meins.

Oder die Selbstoffenbarungsebene: Aha, der Idiot hat so wenig Toleranz und so ein schlechtes Benehmen, dass er so etwas sagt. Das ist sehr schade für ihn. Ich nehme diese Kritik aber nicht an. Diese „Hör-Ebenen" sind wohl die gesunden.

Da gibt es aber auch die krank machenden Ebenen.

Die Beziehungsebene: Ich bin schlecht weil ich so rumlaufe. Ich bin wertlos, genau wie die Kleidung die ich trage. Ich werde nicht akzeptiert.

Oder die appellative Ebene: Ändere Deine Klamotten, ändere Dich. So wie jetzt bist Du nicht gut.

> Entscheidend ist wie man Botschaften oder Nachrichten aufnimmt. Man braucht sich nicht jeden „Schuh anzuziehen". Es ist wichtig, Schlechtes bei dem Anderen zu lassen, jemanden damit stehen zu lassen. Sich abgrenzen und sagen: „Stop! Hier nicht weiter. Du schadest mir nicht! Das lasse ich nicht mit mir machen. Ich nehme die Kritik nicht an, lass das Schlechte bei Dir und komme selber damit klar."

Ich hab definitiv oft auf dem Beziehungs- und dem „Appellohr" gelauscht. Aber wichtig ist: Ich entscheide ob Kritik berechtigt ist. Niemand anderes, nur ich allein! Wir haben nicht nur die Möglichkeit zu überlegen, auf welchem Ohr wir hören wollen. Wir können uns auch abgrenzen, Pfähle einstecken, anderen Menschen Ablehnung erlauben. Wenn wir uns selber akzeptieren spielt Ablehnung kaum eine Rolle.

Heute bin ich natürlich schlauer. Ich weiß, dass Mobber oft eigene Probleme, Rituale und Prozesse von zu Hause (oder wo auch immer) an Anderen ausleben. Die beiden Kasperaffen waren selbst nur arme Teufel, haben aber im Klassenverband die Macht besessen. Hat man selbst kein Selbstbewusstsein, dann ist man sehr gefährdet, gemobbt zu werden. Pubertät kann Krieg und Kampf sein, da geht es um Stellung, Positionen, Macht, Anerkennung und darum, eine Rolle zu finden. Zu dem Zeitpunkt der Pubertät war meine Rolle die des leise vor sich hinleidenden Opfers. Niemand hat davon etwas gemerkt, niemand hat etwas dagegen unternommen. Manchmal bin ich mir nicht sicher, ob es objektiv gesehen wirklich so schlimm war, aber ich sage: Ich habe es so empfunden und damit war es meine Realität.

Ich weiß jetzt, dass Mobbing nicht bedeutet, dass jemand anders wirklich nicht „gemocht" oder „abgelehnt" wird, das ist Quatsch. Die andere

Person (in dem Falle ich) ist doch erstmal gänzlich unbekannt, nur oberflächlich ein Begriff. Mobber suchen sich gerne das schwächste Glied in der Kette aus. Das hat nichts mit dem „Wert" oder der Bedeutung des Opfers zu tun. Aber auch hier sage ich: Es liegt lange zurück, es macht keinen Sinn, noch jahrelang einen Groll gegen etwas zu hegen. Verarbeiten, verstehen und gut sein lassen, es ist vorbei. Ich habe Schaden davon getragen, aber ich habe es überstanden. Ich habe daraus gelernt und, wie später zu lesen sein wird, mit etwas Hilfe stark reagiert. Ich bin gereift daran und stärker geworden. Ich versuche zu verzeihen und zu verstehen und möchte versuchen, das Kapitel des Grolls und des Selbstmitleides an dieser Stelle, so gut ich es kann, weitestgehend abzuschließen.

Tja, und zu Hause lehnte ich mich auf. Ich wollte diese Situation dort nicht mehr ertragen. Die Ungerechtigkeiten meines Vaters, seine Tyrannei, seine Abwertungen, die jähzornigen Tobsuchtsanfälle, das ungleiche Maß mit dem er an Situationen heranging. Narzissmus par excellence. Vielleicht sogar eine narzisstische Persönlichkeitsstörung. Bekanntlich kann es bei einem Narzissten dazu kommen, dass er andere Menschen niedermachen MUSS, um eigenen Druck abzubauen, sich aufzuwerten. Ich fing an Kontra zu bieten, Paroli, habe mich gewehrt und auch herumgeschrien und mich dagegen gestellt. Ich war nicht immer fair, das tut mir heute leid und ich entschuldige mich dafür. Ich habe ihn auf das Derbste beschimpft und beleidigt. Naja, irgendwie hatte er es durch sein Verhalten auch verdient, aber andererseits war es keine konstruktive Auseinandersetzung. Es war ein Herauslassen von Wut, Frustration, Enttäuschung. Wut, die aber nicht wirklich abgebaut werden konnte, weil sie sich innerhalb kürzester Zeit wieder auflud, weil er sie schürte. Ich hatte manchmal das Empfinden, dass es ihm richtig Spaß machte. Es wirkte so, als ob ihm diese Macht Befriedigung verschaffte. Er schürte diese Wut, diese Verzweiflung, gerne und immer wieder. Ich versuchte etwas zu ändern, wünschte mir so sehr, dass er fair und respektvoll mit mir umging, doch das tat er nur ganz selten. Ich habe meiner Meinung nach alles ausprobiert. Ich habe Kritik konstruktiv geäußert, wild, unterwürfig, tobend, unsachlich, maßvoll, nett, zuvorkommend. Es half nichts. Er konnte und wollte sich nicht ändern. Ich musste das akzeptieren, aber das fiel und fällt mir unfassbar und unglaublich schwer.

Schlimm fand ich es wenn ich (mal sachlich) geäußert habe, wie ich bestimmte Situationen empfand, wie ich drunter gelitten und wie gravierend ich das wahrgenommen habe. Und er? Er bagatellisierte, invalidierte, spielte in den Diskussionen dann alles total herunter. Er ging nicht wirklich darauf ein, stellte es so dar, als ob ich es „falsch" empfinde, als ob ich viel zu sensibel war. „Och, Du bist viel zu sensibel. Eine Mimose!", das war sein Standardspruch, wenn er sich in die Ecke gedrängt fühlte. Das war einfach schlimm. Aber, wie gesagt, er war auch nur ein armer Mensch der aus Gründen des Stresses und des Druckes nicht anders konnte. Jemand, mit einer eigenen Leidensgeschichte, jemand, der mich nicht verstand, zu begrenzt in seinem eigenen Denken. Allerdings hatte ich ja auch kein Vertrauen mich zu öffnen. Wie sollte er mich da verstehen? Er war manchmal ein Unhold, der sich um sich selbst drehte und in diesem Strudel alles mit sich riss, was um ihn herum leben und gedeihen wollte. Er konnte nicht anders und dafür verdient er Mitleid, ich versuche es ja, verdammt noch mal...

Und dann kam der Sommer 1991, ich war 16. Ein Kumpel meiner Schwester, Jimmy, kehrte bei uns aus und ein. Ich hatte eigentlich bis dato nie besonders viel mit ihm zu tun gehabt, mit mir wollte ja eh keiner was zu tun haben (zumindest empfand ich das so). Doch Jimmy fing an, mit mir Kontakt aufzunehmen. Er war jünger als ich und eigentlich das totale Gegenteil von mir. Er wusste wie man sich angesagt anzieht, er war unglaublich kontaktfreudig, hatte ein offenes Wesen und war sehr beliebt. Aus irgendeinem Grunde fingen wir an, eine Freundschaft aufzubauen. Er gab mir Tipps wie man in jungen Jahren rumläuft, welche Klamotten man anzieht, wie man Profil gewinnt.

Seine Eltern waren toll: Er selbst hatte manchmal so seine Schwierigkeiten mit ihnen, aber ich fand sie großartig. Sie hatten ein offenes Ohr, der Vater war ein ruhiger und besonnener Mensch, oft in sich gekehrt, aber immer nett. Ich fühlte mich erstmals seit langer, langer Zeit wirklich willkommen. Erstmals seit dem Umzug aus Hamburg wirklich akzeptiert und angenommen, ein tolles, herausragendes Gefühl. Noch heute habe ich Jimmy, auch wenn die Freundschaft irgendwann auseinanderging, unglaublich positiv und angenehm in Erinnerung.

Auch wenn es bergauf ging, zu dieser Zeit hatte ich schon massive psychosomatische Schwierigkeiten, Magenkrämpfe und oft depressive Verstimmungen. Das war mein Glück, denn die Ärzte fanden keine Ursache und so schickten meine Eltern mich zu einem Psychothe-rapeuten.

Ich glaube die erste Therapie ging über einen Zeitraum von 80 Stunden oder so. Der Therapeut schaffte es tatsächlich, mein depressives Leiden, meine Selbstzweifel aufzuspüren und zum Teil aufzulösen. Ich begann mich zu entfalten und Selbstbewusstsein zu gewinnen, und ich nahm noch nicht mal Medikamente. Das Leben fing an besser zu werden. Ich fing an zu reden, einfach durchs Reden wurde es besser!! Zu Hause war es aufgrund meines Vaters immer noch schrecklich und eine fürchterliche Atmosphäre, ein Klima der Anspannung und Angst. Das blieb leider so, aber ich konnte es leichter aushalten. Ich begann mich „frei zu schwimmen", war oft bei Jimmy. Und wir redeten und redeten, unternahmen Dinge. Ich lernte das Leben kennen. Da Jimmy auch gut mit meiner Schwester befreundet war und einfach „Hans und Franz" kannte, konnte ich mich endlich auch einmal mit anderen Menschen auseinander setzen. Es gab Menschen, die mit mir redeten, ein Genuss, ein Segen, ich fing an jemand zu sein. Die Krähe auf meiner Schulter flog davon.

Und das Tollste: Nach den Sommerferien kam ich in die Schule und hatte einen irren Entwicklungssprung gemacht, spürbar und merklich. Äußerlich (ich lief nicht mehr herum wie ein Idiot) und innerlich (ich fing an, Positionen zu beziehen, sagte nicht immer nur „Ja und Amen" und fing an, einen eigenen Charakter zu entwickeln). Die Anderen merkten das. Ich wurde nicht mehr so stark zur Zielscheibe von Hohn und Spott und kleinen Verletzungen. Noch besser: Ich fing auch hier an, Kontakte zu knüpfen und Freundschaften aufzubauen.

Es ist schon irre. Wenn man Profil zeigt, Stellung bezieht, dann ist man wer. Dann wird man für voll genommen und erhält Respekt. Ich fing tatsächlich an, neue Freunde zu gewinnen. Personen, zu denen ich zuvor aufgeschaut hatte, haben mich auf einmal eingeladen. Irgendwann ging ich sogar richtiggehend gerne in die Schule, mir machte es Spaß dort zu sein. Naja, mit Mädels lief nach wie noch nicht so viel, genau genommen gar nichts. Das konnte ich damals einfach noch nicht glauben, dass Mädels mit mir Kontakt haben wollen. Ich war noch zu sehr im „Außenseitergefühl" verankert und verhaftet. Mein Selbstbewusstsein und Selbstvertrauen waren noch nicht mitgewachsen. „Einen Schritt nach dem anderen" habe ich mir dann gedacht. Ich war einfach froh, dass ich stärker dazu gehörte, dass ich Menschen hatte, die mich ernst nahmen. Und ich gewann tolle Freunde, wirklich Freunde, mit denen ich reden und etwas unternehmen konnte. Menschen, die für mich da waren und Menschen, für die ich da war.

Die Krähe hatte sich in Luft aufgelöst, an ihrer Stelle saß nun ein farbenfroher und fröhlich vor sich hinträllernder Papagei. Das hat mich unglaublich gefreut. Irgendwie hatte ich es geschafft.

Und doch gab es immer wieder auch massive Rückschläge.

Aus heiterem Himmel. Ich fing zwar an, meine Seele zu entfalten, aber ganz so einfach war das dann doch nicht. Ich kann mich erinnern, eines Nachmittags saß ich in der Schule und irgendwie hatte ich alles so satt. Ich war des Lebens einfach überdrüssig. Rational kann ich das nicht so recht erklären, ich hatte ja einen Aufschwung geschafft. Aber ich war von einer Mikrosekunde zur anderen auf einmal so unglücklich, so tieftraurig. Ich hatte etwas erreicht, aber die Zeit zu Hause war immer noch die Hölle. Rückblickend verstehe ich nicht, dass ich nicht einfach ausgerissen bin oder die Möglichkeit eines betreuten Wohnens oder so in Erwägung gezogen habe. Ich dachte immer: "Es wird schon, es wird schon irgendwie". Aber wenn man an etwas leidet, an etwas richtig leidet (z.B. dem eigenen Vater) und es nicht ändern kann, dann muss man gehen. Dieses "es wird schon irgendwie" führt zu nichts, es führt ins Nichts, in den Abgrund. Und dort wollte ich jetzt hin. Es war eine

Kurzschlussreaktion, aus heutiger Sicht kaum erklärbar. Auf dem Nachhauseweg suchte ich mir eine Stelle für meinen Abschied. Ich wählte eine Buche in dem Wald, durch den ich immer zur Schule fuhr. Zu Hause schrieb ich Abschiedsbriefe. Ich war mir sicher, ich wollte es beenden, Drecksleben. Diese Trauer, immer diese Wut und Trauer, diese Ungerechtigkeiten zu Hause. Mein Vater, der eigentlich allen zu Hause das Leben vermieste, meine arme Mutter, die so viel ertragen musste. Am nächsten Morgen hatte ich einen dicken Klos im Hals als ich mich von ihr und meinen Schwestern verabschiedete. Ich gab mir Mühe dass sie nichts merkten.

Ich fuhr zu der Buche im Wald und knüpfte ein Seil mit Schlinge an einen Ast, stieg auf den Baum und legte mir die Schlinge um den Hals. Um mich herum Krähen überall, sie kamen von weit her, aus dem Nichts. Stürzten sich vom Himmel herab und versuchten, mir die Augen auszuhacken. Sie flatterten um ich herum, schlugen wild mit den Flügeln und starrten mich aus ihren kleinen und fiesen dunklen Augen an. Der Himmel hatte sich verdüstert, krächzende Krähen, die die Luft ausfüllten. Der Papagei war längst geflüchtet, weit weit weg sah ich noch seine bunten Schwanzfedern. Ok, das sollte es jetzt gewesen sein? Abschied mit 17, scheiß Welt, aus die Maus. Endlich, aber ich konnte nicht. Ich hatte nicht den Mumm, den unausweichlichen Todeskampf zu führen. Ich war nun einmal kein besonders mutiger Mensch. Ich kletterte hinunter und weinte wie ein Schlosshund.

Ich heulte auf dem Weg nach Hause und als ich das Haus betrat. Ich schilderte meiner Mutter, was passiert war. Auch sie war völlig aufgelöst. Und dann kam etwas Überraschendes: Auch mein Vater war völlig mit den Nerven fertig, so hatte ich ihn noch nie gesehen. Er fragte mich, ob es an ihm lag: Natürlich lag es ganz wesentlich an ihm, dass ich keine Lust mehr auf das scheiß Drecksleben hatte. Natürlich war er einer der Hauptaggressoren, der Mensch, welcher mein Selbstbewusstsein chronisch pulverisierte. Er versprach hoch und heilig sich zu ändern. Das schaffte er auch: Für zwei Tage, dann war alles wie immer. Als ich ihn darauf ansprach sagte er nur, er könne nicht anders. Außerdem wollte er mir doch nur Gutes tun. Er wolle meine in mich gekehrten Aggressionen nach außen holen, mich reizen. Der Sohn versucht sich das Leben zu nehmen und der Vater ist nicht in der Lage, sein Verhalten zu ändern. Obwohl ihm klar gesagt wird, was daran so schlimm ist - was für ein armseliger und erbärmlicher Scheiß! Dann leg Dir doch bitte keine Kinder zu, Du Arschloch!

Nun gut, es ist vorbei, ich habe es überlebt, es liegt lange zurück. Sein Verhalten hatte nichts mit mir als Person zu tun, die Verantwortung lasse ich bei ihm, es hatte nichts mit mir zu tun. Au revoir geballte Wut, zumindest versuche ich es.....

Ungefähr mit 18 Jahren fing ich natürlich auch ordentlich an zu saufen und auch mal Dope auszuprobieren, ist ja klar. Letzteres hat mir überhaupt nicht gut getan. Mein Kumpel Emre zog sich das Zeugs ständig rein, und ich testete es auch. Hätte ich bleiben lassen sollen. Ich bekam beim Rauchen manchmal solche Angstzustände, so krass, dass es mir unerklärlich war. Mein Herz raste dann unaufhörlich, ich hatte Atemnot, ich dachte „Das wars. Ich sterbe".

Irgendwann hatte ich eine Art „Fallback", während eines Referates über Atomenergie überkam es mich. Mir wurde schwarz vor Augen. Ich dachte, ich drehe durch. Ich wusste nicht mehr was ich sagen sollte und hatte das so bewusst selten erlebt. Gott war das peinlich, eine echte, brutale Panikattacke vor der gesamten Klasse. Und diese verständnislosen Blicke. Ich brach das Referat dann ab und habe mich in Grund und Boden geschämt.

Es hat niemand etwas Negatives dazu gesagt, aber ich hatte einen ersten Vorgeschmack auf die später kommende soziale Phobie erhalten. Diesen Angstausbruch, diesen Zusammenbruch führe ich auf das schlimme Klima zu Hause zurück. Auf die immer noch stark vorhandenen Selbstzweifel und auf das verdammte Gras, was ich zwei Tage zuvor geraucht hatte. Dennoch brachte mich die Situation nicht um. Ich hatte zwar ab diesem Augenblick ziemliche Angst vor der versammelten Klasse zu sprechen, aber ich konnte ansonsten gut funktionieren. Ich konnte mich mit Menschen umgeben, hatte nach wie vor Kumpels, unternahm viele Reisen. Ich begann in dieser Zeit das Trampen für mich zu entdecken und schaffte locker mein Abitur. Das war doch schon mal was, ich hatte Dinge erreicht und erlebte Dinge, auf die ich stolz sein konnte.

Und verliebt war ich, in ein Mädel aus der Klasse, Natalie. Sie war der Mensch, der erstmalig so tolle, ehrliche, schöne Gefühle in mir auslöste. Strohblond und total gutaussehend. Noch heute denke ich mit einem Gefühl des Glückes an sie. Naja, wir waren Freunde, ich hatte leider keine Chance. Sie hatte einen Freund, aber es war einfach dennoch toll, so etwas zu erleben. Ich habe jeden Augenblick mit ihr genossen, wenn wir irgendwo was trinken gingen, Billard spielten, redeten. Das waren Augenblicke, Sternstunden. Abende, die wie im Flug vergingen. Ich habe ihr irgendwann mal gesagt, was ich für sie empfunden hatte, in Gänze. Ich hatte sogar eines Nachts eine Autobahnbrücke für sie besprüht, das unromantische Autobahnamt hatte mein Kunstwerk jedoch zwei Tage später überpinselt, Frechheit!

Wir hatten jahrelang eine prima Freundschaft, mehr aber auch nicht. Ich war nach jedem Treffen völlig euphorisiert, es war einfach toll. Irgendwann haben wir uns dann aus den Augen verloren. Manchmal überlege ich noch, ob ich mich einfach mal melde, andererseits wofür? Vorbei ist vorbei, es war toll, wunderschön. Ein Geschenk, einen solchen Menschen und solch ein Gefühl kennen zu lernen. Das sollte man sich in seinem Kopf und Herzen bewahren und es dabei gut sein lassen.

3 Der Ausbruch der Krankheit

Während meines Zivildienstes lebte ich immer noch zu Hause. Ein schwerer Fehler. Ich war bequem und traute mich nicht so recht, das Altbekannte zu verlassen, obwohl ich es hätte tun müssen. Ich glaube, manchmal ist das, was man kennt, so fürchterlich unangenehm es auch ist, immer noch besser als das Ungewisse. Vermeintlich natürlich nur. Wenn es nicht funktioniert, muss man gehen, sonst macht man sich kaputt. Man muss, man sollte Mut haben, das Ungewisse auszuprobieren. Der Mut fehlte mir damals leider.

An der Lage zu Hause hatte sich nichts geändert. Es war immer noch ein einziges Geschreie. Eine Atmosphäre voller Spannung, Wut und Zwietracht. Ich hätte dem ein Ende setzen und gehen müssen; stattdessen blieb ich und stritt mich auf das heftigste mit dem Menschen, der nun einmal mein Vater sein sollte. Eines Abends, ich guckte Bundesliga, HSV im UEFA-Cup, und der Teufel schlief schon unterm Dach in seinem Hornissennest. Ich glaube der Fernseher war etwas zu laut. Plötzlich hörte ich oben eine Tür schlagen und wütendes Trampeln die Treppen herunter. Der Tyrann, mit blutrot unterlaufenen Augen schrie und spuckte Feuer, plötzlich hielt er ein Kabel oder so etwas in der Hand und wirbelte damit herum. Und mir reichte es. Ich schrie: „Schlag doch zu, Du dummes Schwein, schlag doch zu, Du dreckiger Bastard!". Ich war zu allem entschlossen. Hätte er zugeschlagen dann hätte ich ihn umgebracht, vielleicht. Im letzten Augenblick eilte meine liebe Mutter herbei und stellte sich zwischen uns, sie verhinderte ein weiteres Drama. Und auch hier versuche ich zu vergeben. Ich vergebe mir und ihm. Ich konnte und wollte nicht anders, wieder ein Fass, in dem ich nun herum gerührt habe und der Gestank ist heftig. Den Gestank kriege ich nicht gänzlich raus. Ich verstehe aber, warum es so stinkt, mehr kann ich nicht machen. Ich schließe auch dieses Fass, nein besser: Ich leere es aus. Ich lasse den Dreck, den miefigen Geruch einfach davon fließen, in eine dreckige Latrine, die irgendwer mal säubert. Ich leere auch die anderen Fässer. Es bin nicht ich, der den Gestank fabriziert hat, naja, manches habe ich wohl auch verursacht. Zu jedem Konflikt gehören zwei Seiten, aber ich übernehme nicht die Verantwortung für die schlimmsten Kloakenstücke und die ätzende, wabernde Suppe. Die hat jemand anderes verursacht. Ich kippe die Fässer um, leere sie aus und wasche sie mit heißem Wasser und Scheuermittel. Das tue ich weil ich es kann, weil es lange zurück liegt, weil ich mich befreie. Das was ich reinigen kann reinige ich, die Müllkippe wird kleiner. Irgendwann schließe ich sie, dieses Drecksloch!

Kurz vor Ende des Zivildienstes fuhr ich mit drei Kumpels nach Irland. Irgendwie war schon auf der Fahrt mit mir etwas nicht in Ordnung, ich verspürte in mir drin mal wieder so eine Leere und Trauer und hatte das Gefühl, nicht gut genug zu sein. Irgendwie unfähig, instabil, einfach ungenügend, depressiv. Ich kompensierte den bleiernen Mantel mit Suff und Marihuana. Wenn ich soff ging es mir gut.

Es war eine Zeit des Stresses und der Unsicherheit. Ein Wohnungs-wechsel stand bevor, ich wollte studieren. Geographie, ich wusste noch nicht genau wo. Osnabrück, Mainz, Bremen standen zur Debatte. Ich wusste, es würde sich in meinem Leben einiges ändern und freute mich darauf. Gleichzeitig war da natürlich auch Sorge und Angst.

Der Irland-Urlaub tat mir nicht gut, ständig dieser Regen, dann zu viel Alkohol - Whisky und Bier. Und immer hatte ich das Gefühl nicht so gut zu sein wie die Anderen, nicht so wertvoll und so fähig. Das Dope gab mir den Rest, es beförderte meine Sorgen weit nach vorne, weit nach oben in meine brüchige Seele. Ich wusste es nicht anders, ich wurde krank, psychisch stark lädiert. Wenn ich mich umdrehte, dann sah ich einen Schwarm von Krähen, die sich auf das Aas freuten. Das Aas war ich.

Ich kam nach Hause, wie in Trance, ging zur Arbeit und wurde gefragt wie denn so mein Urlaub war, eine ganz normale Frage. Dann der Zusammenbruch. Von dem Augenblick an hatte ich Angst vor Menschen. Ich konnte nicht antworten, in mir kam Panik auf. Bei jedem Blickkontakt wurde mein Gesicht feuerrot, diese Scham. Ich fühle mich als würde ich verbrennen, als wäre ich ein völliger Versager. Es gab keinen Grund, ich hatte mein Abitur gemacht, leistete im Zivildienst gute Arbeit, aber plötzlich zog sich mir der Boden unter den Füßen weg. Ich konnte Menschen nicht mehr in die Augen schauen, hatte einfach riesige, panische Angst vor Menschen, vor deren Beurteilung. Was denken die Anderen von mir? Die müssen mich doch total merkwürdig finden, die müssen doch denken: „Was für ein komischer Typ. Der scheint Angst zu haben, der ist ja komisch." Es war grauenvoll. Ich hatte die Angst vor Menschen, vor deren Bewertung, im Beisein meiner Familie, im Beisein von guten Freunden, von Fremden. Ich war total angespannt wenn andere Menschen um mich herum waren, bekam manchmal völlige Panik, wenn mich Menschen ansprachen. Ich dachte nur „Oh Gott, das schaffe ich nie, NIEEEEE, ich werde es nie schaffen!!!!!". Ich hatte das Gefühl wahnsinnig zu werden. Es war so mit Scham besetzt. Die Krankheit nennt sich „allgemeine soziale Phobie". Ich hatte doch so viel schon geschafft, war vom Außenseiter zu einem akzeptierten Typen geworden, der viel reiste, der wirklich eine Menge Freunde hatte. Ich war eigentlich recht beliebt, auch wenn ich mich nicht so fühlte, und all diesen lieben Menschen konnte ich kaum noch unter die Augen treten. Angst, einfach panische, nackte Angst.

Und Scham, diese fürchterliche Scham. Ich bin unnormal, ich bin nicht so wie die Anderen, ich bin wertlos. „Herzlich willkommen soziale Phobie. Hallo Ihr gottverdammten Teufelskrähen, es ist nicht schön Euch zu sehen, Ihr Drecksviecher! Ich hoffe, mein Fleisch bleibt Euch im Halse stecken und Ihr verreckt jämmerlich daran!!"

Die Krankheit „soziale Phobie" findet ihren Ursprung in der Evolution. Vor zigtausend Jahren war der Mensch auf seine Rotte angewiesen um zu überleben. Wer von seiner Gruppe verstoßen wurde, der war dem Tod geweiht. Keine Chance, alleine einen Mammut zu jagen. Die Frage: „Wie wirke ich auf Andere? Verhalte ich mich gruppenkonform?" war eine Notwendigkeit. Nur wer sozial integriert war, die Fähigkeit besaß, sich anzupassen, hatte eine Chance zu bestehen. Soziale Reflektion als Überlebensstrategie.

Die erste Zeit mit dieser verfluchten Krankheit war das Grauen schlechthin, ich wusste ja gar nicht was los war, kannte mich mit dem Thema „Sozialer Phobie" schlichtweg nicht aus. Das Schlimmste ist, so finde ich, dass man einfach nicht mehr „normal" agieren kann. Man möchte so gerne unter Menschen sein, ausgehen, sich unterhalten, etwas erleben. Die Angst ist jedoch oft so stark, dass man vermeidet, das liegt ja in der Natur der Sache. Ich fand es fürchterlich unter Menschen zu sein. Ganz besonders schlimm war es an einem Tisch „ruhig" zu sitzen und sich zu unterhalten - das ging einfach nicht mehr. Ich musste trotzdem einigermaßen weiter machen, ging weiterhin zum Zivildienst, zog mich aber zurück oder meldete mich krank. Meine Mundwinkel zeigten verhärmt nach unten. Ich fühlte mich innerlich gebrochen, verbittert, Trauer, Verzweiflung, Hoffnungslosigkeit. Und das mit 20 Jahren. Ich wurde oft gefragt was denn los sei. Ich schämte mich aber wegen dem, was ich spürte und erlebte und sagte lieber nichts. Ich griff zum Alkohol. Wenn ich irgendwo hinging, dann trank ich Bier. Ein (vermeintliches) Glück, dass es so etwas gibt - dachte ich. Ich wusste um die Gefahren, aber besser so als die völlige Isolation. Ich wollte ja unter Menschen. Menschen interessierten mich, ich wollte Freundschaften schließen. Ich wollte eine Freundin haben, ich wollte leben. Aber nicht so, nicht mit dieser harten, brutalen Angst. Das war kein Leben, das war einfach nur Dreck!

Wenn ich in Gegenwart Anderer zwei, drei Pils trank, dann wurde es besser, das wusste ich, also machte ich es eben so. Und die Lust auf das Leben war stärker als die permanente Vermeidung. Also vermied ich soziale Kontakte nur manchmal oder federte den Stress eben durch Bier ab (vom Kiffen hatte ich die Schnauze gestrichen voll und ließ es für alle Zeit danach bleiben). Ich reiste ja so gerne, mit schmalem Geldbeutel, Zelt und per Anhalter. Ich reiste überall hin, nach Italien, Spanien, Portugal, Polen, Irland, Slowenien. Ist das nicht wahnsinnig? Ich hatte fürchterliche Angst vor Menschen und stieg trotzdem zu ihnen ins Auto. Harte, härteste Konfrontation, und das war glaube ich ein Glück. Sich wieder und wieder der Situation zu stellen führte dazu, dass die Angst zumindest nicht größer wurde. Eher im Gegenteil, sie verringerte sich etwas. Im Hinterkopf blieb sie immer, aber sie nahm - zumindest wenn ich mich wiederholt konfrontierte - nicht mehr so viel Raum ein.
Ich hatte Gefallen an einem Mädel gefunden. Sylvia. Sie war drei Jahre jünger als ich und ging auf dieselbe Schule, in der ich damals war. Sie

war bildhübsch und noch dazu brilliant intelligent. Was für eine Mischung. Ich hatte sie über einen Kumpel auf einem Konzert kennengelernt. Ich traf mich ein paarmal mit ihr, also eigentlich waren es immer Treffen zu dritt. Sie, ich und meine soziale Phobie. Damit es nicht zu brutal für mich wurde trank ich Bier oder Vodka-Lemon. Medikamente oder Beruhigungsmittel nahm ich damals noch nicht. Sie merkte schnell, dass mit mir etwas nicht stimmte, ich glaube das fand sie interessant. Und ich war wahnsinnig in sie verschossen und sagte ihr das eines Abends alles. Und ein Wunder geschah - ich habe es damals als Wunder verstanden. Wir wurden ein Paar. Seht her, ICH !! habe sie erobert, mit MIR ist sie zusammen!! Was war ich glücklich und stolz! Der erste Kuss, das erste Mal Sex, die erste richtige Freundin. Wir fuhren zusammen in den Urlaub, wir schmiedeten Pläne. Es ging alles irgendwie, es war nicht leicht. Angst, Zweifel und die Panik waren oft in meinem Kopf, würde ich ihr genügen, würde ich reichen, so wie ich bin? Sie schaffte es nicht, mir diese Selbstzweifel zu nehmen, das kann und konnte ich nur selber. Naja, ich zog irgendwann um, begann mein Studium in Osnabrück und nach einem Jahr Beziehung war es aus, Shit!

Es ging turbulent auseinander, aber dennoch habe ich diese Zeit mit ihr sehr positiv in Erinnerung. Sie war die erste Freundin, die ersten echten Erfahrungen. Und das in einer Zeit in der ich ordentlich an einer sozialen Angst erkrankt war, und trotzdem hatte ich es geschafft! Wenn das nichts ist. Manches Mal muss und darf man sich auch mal selber auf die Schulter klopfen.

4 Studium in Osnabrück

In Osnabrück studierte ich nun also Geographie und wohnte in diversen WGs. Ich hatte oft Panik, Angst, Depressionen, sehr häufig. Ich absolvierte zwei Jahre lang eine weitere Gesprächstherapie, die mir eigentlich nicht half und nahm nun auch ein Medikament: Citalopram. Das besserte vieles, es half mir die Angst zu reduzieren, das Stressniveau zu verringern. Es war ein echter Rettungsanker.

Ich persönlich glaube, dass bei einer stark ausgeprägten sozialen Phobie Medikamente sehr wichtig sind. Zwar ist die entsprechende Forschung auch im Jahre 2015 noch nicht so weit gediegen, wie man sich das als Betroffener wünscht, aber einige wissenschaftliche Nachweise existieren dennoch.

Ich bin zwar kein Arzt, aber das Grundkonzept der medikamentösen Therapie ist leicht erklärt. Es ist so, dass zwischen den Synapsen, also den Enden der Nervenzellen (Neuronen) im Kopf, im synaptischen Spalt, zu wenig Botenstoffe vorhanden sind. Diese Botenstoffe sind für eine Reizübertragung unabdingbar. Zu nennen sind hier insbesondere Serotonin, Noradrenalin und Dopamin. Herrscht ein Mangel an diesen Botenstoffen (sog. Neurotransmitter) vor, können Reize nicht mehr korrekt übertragen werden. Somit kann es zu Depressionen oder Angsterkrankungen kommen. Verschiedene Antidepressiva reduzieren diesen Mangel. Dieses funktioniert derart, dass z.B. die Wiederaufnahme der Transmitter in die Synapsen erschwert wird (z.B. durch SSRI (Selektive Serotonin-Wiederaufnahmehemmer)) oder der Abbau der Transmitter im synaptischen Spalt verlangsamt wird (MAO-Hemmer).

Waren MAO-Hemmer lange Zeit „verrufen" (aufgrund starker Nebenwirkungen und einer einzuhaltenden, strengen Diät), so existiert mit dem Medikament „Moclobemid" mittlerweile ein reversibler MAO-Hemmer auf dem Markt, welcher deutlich weniger Nebenwirkungen aufweist und eine extreme Diät nicht zwingend notwendig machen soll.

Eine Auflistung der hilfreichen Medikamente findet sich im Anhang dieses Buches.

Selbstverständlich ist eine ärztliche Beratung zuvor zwingend notwendig.

Jedoch sollte nun niemand glauben, dass es ausreicht, eine Pille zu schlucken und die soziale Phobie ist verschwunden. Ohne eine professionelle Psychotherapie (die kognitive Verhaltenstherapie hat hier scheinbar leicht bessere Ergebnisse als die tiefenpsychologische Gesprächstherapie erreicht) kommt es scheinbar nur sehr selten zu einer echten Heilung der phobischen Probleme.

Antidepressiva haben generell keinen guten Ruf, aus welchen Gründen auch immer. Vielleicht weil manche Menschen dann meinen, offiziell nun einen „Beklopptenstatus" zu erhalten. Meiner subjektiven Meinung nach ist das Quatsch! Es ist doch toll, wenn es etwas gibt, was das Leid verringert, was dazu führt, dass Menschen stabiler werden und etwas besser mit ihrer Krankheit umgehen können.

Das nervige an diesen Medikamenten ist allerdings, dass es zuweilen 6-8 Wochen dauern kann, bis ein Medikament wirkt. Und nicht jedes Medikament wirkt bei jedem gleich. Manch einer sucht sogar mehrere Jahre bis er das Richtige gefunden hat.

Das Ziel des Medikamentes ist es letztlich, die Angst und die Depressionen zu reduzieren, sodass man beispielsweise leichter in angstbesetzte Situationen hineingehen kann um zu üben. Es geht darum, sich zu konfrontieren und eine Situation überhaupt aushalten zu können.

Eine hilfreiche Broschüre, welche auch die medikamentöse Therapie ausführlich erläutert, ist jene von Wittchen et al. (ohne Jahresangabe) (siehe Anhang).

In Osnabrück lebte ich ein wildes Leben: Viel, viel, viel Bier. Auf dem Beipackzettel des Medikamentes stand zwar: Alkohol ist während der Therapie zu meiden! Aber das war mir egal. Ganz schön waghalsig und rückblickend nicht zu empfehlen.

Ich hatte gute Kumpels im Studium kennengelernt, wir wohnten teilweise auch in WGs zusammen, jede Menge Chaos, sehr, sehr viel Spaß. Wir absolvierten unsere Klausuren und Seminare. Und wir wussten wie man feiert. Und weil ich mich täglich, und immer wieder, konfrontierte, so besiegte mich die Angst in dieser Zeit auch nicht.

Sich immer und immer wieder in angsterfüllende Situationen zu wagen, möglichst ohne Vermeidungs- und Sicherheitsverhalten (z.B. Alkohol und Tabletten), sorgt dafür, dass die Angst nach und nach geringer wird. Voraussetzung ist, dass angstproduzierende Denkmuster geändert werden, ein „bloßes Aushalten" hilft oftmals leider nicht. Dieses ist so ziemlich der schwierigste aber scheinbar auch der einzige Weg zur Auflösung der sozialen Phobie. Es wird Rückfälle geben, das ist unvermeidbar, aber mit der Zeit wird es (in der Regel) besser (falls nicht, siehe bitte Kapitel 8.4).

Wenn ich gewusst hätte was noch kommen sollte, oh oh, nicht auszumalen. Aber erstmal lief das Leben so einigermaßen. Ich war auf Citalopram eingestellt und das tat mir gut. Mein Studium wurde zum Teil finanziert von meinem Vater, den Rest verdiente ich durch jede Menge

Nebenjobs dazu. Dafür war und bin ich ihm definitiv dankbar. Auch wenn er mir emotional einiges Schlechtes mitgegeben hat, finanziell hat er für die gesamte Familie immer sehr gut gesorgt. Ich glaube, das war Segen und Fluch zugleich. Hätte er sich nicht immer so abgerackert, dann wäre er zu Hause nicht solch ein Arschloch gewesen. Andererseits hatten wir dadurch finanziell eine starke Rückendeckung.

Toll in der Studentenzeit war auch das Trampen. Ich stellte mich mit meinem Rucksack an die Straße und fuhr irgendwo hin. Als Student ging das damals noch gut. Die Ansprüche des Studiums waren nicht so hoch und ich hatte keine besonderen Komfortwünsche und keinen Zeitdruck. Ein klappriges Zelt und einen Schlafsack, mehr brauchte ich nicht. Beim Trampen lernt man irre Typen kennen und auch irre viel Hilfsbereitschaft. Menschen haben unglaublich viele gute und positive Seiten an sich. Die Kultur eines Landes wird einem beim „Autostoppen" quasi auf dem Tablett serviert. In Polen schlief ich bei Bauern in der Gartenlaube, wurde in Portugal zum Weintrinken eingeladen und konnte in Litauen auf mit Heuballen beladenen Anhängern mitreisen. Es war eine tolle Freiheit, trotz der sozialen Phobie. Was mir aber immer dabei half war, dass man als Beifahrer keinen besonderen Augenkontakt halten musste, das machte es für mich entspannter. Schaute ich meinem Gegenüber in die Augen, so suchte ich immer nach Anzeichen, dass dieser meine Panik bemerkt, meine Unruhe, meine zittrigen Mundwinkel, meine Anspannung im Blick, im Gesicht. Ich bin ganz sicher, oft sahen mir die Menschen die Angst gar nicht so sehr an, aber ich hatte immer Sorge, dass sie es tun. Die Angst vor negativer Bewertung, das ist ja sehr oft die Grundangst bei einer sozialen Phobie. Dass Andere einen komisch, merkwürdig, doof finden. Dass sie einen nicht mögen, einen ablehnen.

Würde ich mehr in mir ruhen, dann wäre das Problem kleiner. Würde ich meine Bewertung der Situation ändern, dann wäre die Angst geringer, aber das lernte ich erst später.

Das was sich im eigenen Kopf abspielt ist viel gravierender, als das, was nach außen dringt. Aber manchmal rutscht die Maske herunter und dann ist Panik im Gesicht, welche natürlich auch von Anderen bemerkt wird, ist doch klar. Fragende, brennende Blicke. Manchmal sogar ein Erschrecken bei den Anderen, manchmal Irritation, eigentlich nie Verärgerung oder Ablehnung. Ich fand es aber auch schon schlimm genug, wenn die anderen Menschen merkten, dass ich schwach war, durch meine Angst Schwäche zeigte. Aber Schwäche ist liebenswert. Wer möchte mit einem Menschen befreundet sein, der immer stark ist? Wohl kaum Jemand. Schwäche ist ein Teil eines Charakters, es gehört dazu wie Mut, Freude, Trauer, Entschlossenheit, Nachdenklichkeit. Schwäche gehört einfach dazu. Eine große Stärke ist es, über Schwächen reden zu können, Schwächen einzugestehen. Nun, von zu Hause hatte ich diese Lektion so nicht gelernt. Mein Vater brachte mir bei: „Man läuft nicht weg. Immer läufst Du weg", „Schau den Menschen in die Augen. Ankucken!!!" (in zischendem, beißenden Tonfall), „Stell Dich nicht so an, sei keine Mimose", das verfestigt sich und irgendwann übernahm ich es. Schwäche = Falsch. Ich bin schwach, also bin ich nicht richtig. Ich bin schwach = ich bin wertlos, ein Nichts. Das ist nun wirklich ein krank machender Gedankengang. Aber Gedankengänge lassen sich austauschen, zum Glück, allerdings nur durch sehr viel harte Arbeit.

Im Alter von 24 Jahren reiste ich nach Nepal. Mit dem Flieger bis nach Indien, dann mit dem Bus weiter. Hühner bei den Bauern im Gepäck, Gerüche, die ich so noch nicht kannte, Farben, Sprachgewirr, alles neu für mich. Wie im Film war das. Ich war begeistert. Ich ging sogar für einen Monat in ein Kloster, das für Touristen geöffnet war. „Kopan" hieß der Ort, wo dieses ermöglicht wurde, oberhalb von Kathmandu gelegen. Dort lernte ich, jeden Tag dreimal in Endlossitzungen zu meditieren. Ich dachte das könnte mir helfen, mich noch besser kennenzulernen, stärker zu mir zu finden und meine Angst vor Menschen noch weiter zu reduzieren. Naja, das Gegenteil war eher der Fall. Ich setzte mich glaube ich so unter Druck, Heilung verspüren zu wollen, dass der Schuss komplett nach hinten losging. Außerdem hatte ich Rückenschmerzen von den ständigen Meditationssitzungen. „Nichts für mich", dachte ich und machte mich auf den Weg nach Hause. Zudem hatte ich mir irgendwas eingefangen, nahm 6 Kilo in zwei Wochen ab und kam in Osnabrück im Marienhospital erst einmal in Quarantäne.

Aus der sozialphobischen Sicht war die Reise dennoch ein irrer Erfolg. Ich war komplett auf mich alleine gestellt; wenn ich etwas haben oder wissen wollte, dann musste ich über meinen Schatten springen. Es gab niemanden, der Dinge für mich erledigte. Es war ein Abenteuer. Draußen übernachten, des Nachts merkwürdige Geräusche. Billige Hotels mit Ratten in der Dusche. Abends die Bettpfosten mit Butter einschmieren damit keine Kakerlaken hochkrabbeln. Im Norden von Nepal hatten Maoisten die Gewalt übernommen. Bei einer Wanderung hatte ich an einer Wegsperre plötzlich zwei Gewehrläufe vor der Nase und musste „Revolutionssteuer" abdrücken. Viva la Revolution.
Ich war richtig stolz darauf, die Reise geschafft zu haben. Weit weg, in einem fremden Land. Ok, auch hier hatte ich manchmal Panik, wenn mich Menschen ansprachen, aber es war irgendwie ok, weil einfach auch vieles klappte. Wenn alles nur traurig ist, Depression, Angst, dann ist das

ein fortwährender Nackenschlag. Es kommt einem dann natürlich alles aussichts- und hoffnungslos vor. Wenn man aber manches hinbekommt, und nur ab und zu findet ein Rückschlag statt, dann sind das viele Lichtblicke.

Wieder genesen fing ich an Bodybuilding zu betreiben. Ich hatte bislang lediglich eine Freundin gehabt und wollte einfach mehr Sex haben. Sex gehört doch zu dem Feierleben eigentlich dazu, welches ich so gerne lebte. Aber ich war ein ziemlich schmächtiger Hänfling, das musste geändert werden. 3 - 4mal die Woche in die Muckibude, dazu Eiweiß-drinks. Nach einigen Monaten, die Wirkung war nun sichtbar, schleppte ich endlich ein Mädel ab, trotz sozialer Phobie. So einfach geht das also. Naja, Männer schauen wie Frauen gebaut sind und umgekehrt genau dasselbe. Ich hatte dann auch immer mal wieder Liaisons, Freundinnen, Affären, nicht sonderlich viele, aber auch nicht ganz wenige. Der Alkohol half mir dabei, auch nur eine Krücke, aber wenn das doch hilft, bei den Mädels zu landen, warum denn nicht? Und schließlich war ich ja nun auch nicht dauerhaft betrunken oder so, es erleichterte mir den Einstieg in das Kennenlernen. Und eines ist klar: Sex tut dem Selbstbewusstsein gut.

Ich besuchte auch verschiedene Selbsthilfegruppen, in Osnabrück und Münster. Besonders lange hielt ich es dort allerdings nicht aus, viele der Angstpatienten waren mir einfach zu passiv, zu träge. Ich hatte das Gefühl, dass sie sich irgendwie mehr oder weniger ihrem Schicksal ergeben hatten, das fand ich fürchterlich. Das war auch weniger Akzeptanz als ein missmutiges „sich selbst Bedauern und das Handtuch werfen". Sich selber aufgeben? Das kam für mich überhaupt nicht in Frage. Ich konnte überhaupt nicht verstehen, dass sie nicht alle Hebel in

Bewegung setzen, alles versuchen, um die Phobie loszuwerden. Nun denn, vermutlich kam manches Mal auch eine Depression hinzu, welche die Phobiker antriebsarm machte. Oder aber sie hatten das Leid einfach hingenommen und für sich einen Weg gefunden damit zu leben - aber warum dann in eine Selbsthilfegruppe gehen? Zudem fand ich es immer fürchterlich wenn Menschen in solchen Gruppen völlig unreflektiert quatschen und quatschen, auch lauter Zeugs, was überhaupt nicht in solch eine Gruppe gehört. Dass Menschen mit sozialer Phobie oftmals völlig isoliert leben ist mir klar, das ist schrecklich. Dass sie dann Redebedarf haben liegt auch in der Natur der Sache. Für solche Fälle wäre meiner Meinung nach dann ein Treffen nach der Selbsthilfegruppe besser geeignet. Ich habe diese Gruppen immer eher als Ort gesehen, wo man einen „Hafen" findet, in dem man verstanden wird und sich über Möglichkeiten, aus der Misere herauszukommen, austauschen kann. Mein Bedürfnis war es, neue Lösungsansätze zu erfahren und auszuprobieren, nicht immer hat das in den Gruppen gepasst.

Eines Tages erhielt ich einen Anruf von meinem Vater, Ich merkte an seiner Stimme, dass etwas nicht stimmte. Meine 7 Jahre jüngere Schwester hatte sich umgebracht. Ich wusste, dass es ihr nicht gut ging, ich wusste, dass sie große Schwierigkeiten zu Hause hatte und unter Depressionen litt. Und nun das, sie hatte sich erhängt. Es brach wie eine Riesenwoge über mich hinein. Ich machte mir Vorhaltungen, nicht für sie dagewesen zu sein, aber konnte ich das denn? Ich hatte doch so derbe Schwierigkeiten mit mir selber, ich war so froh, nicht mehr zu Hause leben zu müssen, und dann das. Offen gesagt machte ich auch meinem Vater große Vorwürfe. Auch sie hatte er mies behandelt, ihre Anlage zertreten, wenn diese ihm zu laut war. Einmal hatte er einen ihrer

Freunde hinausgeworfen als sie einen Anflug von Sex hatten. Vielleicht tue ich ihm mit den Schuldvorwürfen unrecht, vermutlich, denn eigentlich kann ich es gar nicht richtig beurteilen, ich lebte ja schon lange nicht mehr in fucking Berlin. Wir haben fürchterlich geweint, als wir uns im Stillen von meiner Schwester verabschiedet hatten. Man muss den Willen eines Menschen akzeptieren, auch wenn ein solcher Wille nicht immer leicht nachzuvollziehen oder zu verstehen ist. Ich denke, da wo sie jetzt ist, wenn es denn so etwas gibt, da hat sie es besser als damals im „Hier".

Während meines Studiums war ich zwei Mal längere Zeit im Ausland. Einmal in Frankreich, neun Monate, und drei Monate in Schottland. Frankreich war klasse. Ein halbes Jahr lang als Austauschstudent in Angers, mit einer sozialen Phobie keine ganz leichte Aufgabe. Dennoch lernte ich viele nette Menschen aus aller Herren Länder kennen, und ich hatte einen Job als Barkeeper in einer Kneipe, in denen hauptsächlich die Austauschstudenten versammelt waren. Einige Mädels waren wirklich hübsch. Manchmal ergab sich Sex. Anschließend lebte ich noch drei Monate in einem Ökoprojekt in der Nähe von Marseille. Hier arbeiteten Freiwillige zusammen mit Menschen mit psychischen Krankheiten oder ehemaligen Strafgefangenen, welche nun reintegriert wurden. Wir schichteten Mauern gegen Waldbrände auf, ackerten im Garten, bauten Zimmer aus oder befestigten Straßen und Wege. Ein Mensch, nennen wir ihn Jean-Pierre, war ein ehemaliger Söldner in der Fremdenlegion. Tätowiert im ganzen Körper, markante Gesichtszüge, sehr groß gewachsen. Manchmal, eigentlich recht oft, schrie und weinte er laut im Schlaf. Ich bin froh, nicht seine Bilder im Kopf zu haben. Krieg muss fürchterlich sein.

Später ging ich für einige Monate nach Schottland, trotz Phobie wuselte ich mich durch den Alltag. Schottland war ein Reinfall. Zunächst arbeitete ich einen Monat auf einem Ökobauernhof und absolvierte dort ein Praktikum. Die Einsamkeit dort, der nächste Ort war zehn Kilometer entfernt, war einerseits ein Segen. Kaum Menschen zu sehen ist bei einer sozialen Phobie natürlich Entspannung pur. Andererseits sehnte ich mich nach Austausch, nach Kontakten, nach Erlebnissen mit Menschen - das war dort schwer machbar. Zudem drückte mir das Wetter, es war Herbst und regnete dort täglich, gewaltig auf mein Gemüt. Diese Ambivalenz, oftmals kaum unter Menschen gehen zu können und gleichzeitig nach ihnen Ausschau zu halten, war manchmal schwer erträglich. Wenn ich doch einfach frei und unbeschwert Kontakte haben könnte, einfach so, ohne Selbstzweifel. Ohne mich ständig zu beobachten: Was passiert jetzt in mir? Was denken die Anderen von mir? Wie wirke ich? Das wäre herrlich...

Nach einem Monat ging ich nach Dundee, eine heruntergekommene Hafenstadt. Ich fand dort einen Nebenjob bei Marcs & Spencer (als „Cleaner", also ganz an der Basis) und lebte in einer WG mit zwei komischen Typen, vermutlich den einzigen Alkoholabstinenzlern in der ganzen Stadt. Oft zog ich abends durch Kneipen, immer auf der Suche nach etwas Wärme, nach der Wärme eines guten Gespräches bei einem frischen Bier. Irgendwann hatte ich genug von dem ewigen Dauerregen und dem einsamen und für mich perspektivlosem Dasein und ging zurück nach Osnabrück.

Im Jahre 2002 schloss ich mein Studium ab, erfolgreich. Darauf war ich „stolz wie Oskar", hatte ich das Ganze doch kaum für möglich gehalten.

Trotz meiner psychischen Begrenzung hatte ich etwas geschafft. Für mich war das wie ein Ritterschlag, ich gehörte nun zur Gesellschaft dazu.

So ganz hatte ich dennoch nicht mit meiner - für mich unschönen - Vergangenheit in Berlin abgeschlossen. Ich telefonierte unregelmäßig mit meiner Mutter und auch mit meinem Vater und war eigentlich immer recht wortkarg. Ich hatte immer noch zu viel Frust in mir, zu viel Enttäuschung. Ich denke, dass es wohl sicherlich falsch ist, die Schuld permanent bei den Anderen zu suchen. Man selber hat es immer auch ein Stück weit mitgestaltet, vielleicht auch ein Stück provoziert. Wer frei von Schuld ist, der werfe den ersten Stein. Ich bedauere, dass ich auch nicht alles richtig gemacht habe. Dass ich so wortkarg zu meiner Mutter war, aber ich konnte nicht anders. Jahre später habe ich mich tatsächlich bei ihr einmal Auge in Auge entschuldigt und ihr gesagt, dass sie eine gute Mutter ist. Ich habe Glück, dass ich sie habe. Die Entschuldigung bei ihr tat so gut, aber es hat sehr lange gedauert bis ich das aussprechen konnte. Auch mit meiner Schwester hatte ich wieder Kontakt. Sie war wohl die Gesündeste von uns Kindern. Lebte jahrelang in Indien, arbeitete als Lehrerin. Sie war viel in der Welt herumgekommen, wirkte stabil, bodenständig, gutherzig, humorvoll. Ein guter Mensch mit einem guten Wesen. Ich kann gar nicht genau sagen warum ich mit ihr so wenig Kontakt hatte. Ich hatte manchmal einfach eine fürchterliche Wut in mir auf alles, was mit Familie zusammenhing…Da konnten die Menschen teilweise nichts dafür.

Manchmal löste ich die Wut konstruktiv auf, indem ich joggen ging und dann völlig platt und hinüber nach Hause kam. Manchmal aber prügelte ich mich in Kneipen oder im Fußballstadion. Fußballhooligans hatten mich immer schon fasziniert, einfach nur stumpfe Gewalt. Scheiß auf die Gesellschaft. Aber „nur" prügeln, um des Prügelns Willens, war mir dann auf Dauer doch zu wenig, obwohl der Adrenalinkick schon bombastisch war. Ich hatte dieses Bild im Kopf wie ich gerne sein wollte: Stark, mächtig, überlegen, ein „Hau-drauf". Ich liebte Literaten wie Hemingway oder Jack London, auch Jack Kerouac ist hier zu nennen. Das waren heroische Männer, die soffen, prügelten, und „ihren Mann standen", allerdings fällt mir gerade auf, dass sich zwei von ihnen umgebracht haben, wegen schwerer Depressionen. Hmh, das stimmt mich gerade etwas nachdenklich…

Es ist ganz natürlich, dass man, wenn man vielleicht nicht so stark ist, nicht so mutig wie man gerne wäre, dass man sich dann gedanklich auch mal ab und an in eine Traumwelt flüchtet, einfach mal davon träumt jemand anderes zu sein. Allmachtsphantasien.

Der Gegenpol zur Ohnmacht ist die Flucht in ein anderes Sein, zumindest in Gedanken. Die Abkehr von Ohnmacht als existenzielle Realität ist manchmal fiktive „Stärke".

5 Bei den Autonomen

Ich fing an, mich für Politik zu engagieren und rutschte bei den Autonomen rein. Irgendwie bin ich da gelandet, über den Kumpel eines Kumpels. An erster Stelle stand zunächst die Faszination für Gewalt und das „Out-Law-Leben". Am Rande der Gesellschaft stehen, mit wenig Geld leben. Machen, was man für richtig hält. Sich mit allem und jedem anlegen. Später kamen dann die politischen Inhalte, die ich zum großen Teil unterstützenswert und absolut richtig fand (und teilweise immer noch finde). Irgendwann standen dann die Inhalte an erster Stelle: Flüchtlingsarbeit, Anti-Rassismus, Globalisierungskritik, Ökopolitik und Anti-Atom. Auf Platz zwei: Prügeln, mit Bullen, Nazis und dem „verdammten ganzen Schweinesystem". Kompensation und Katharsis waren natürlich auch mir ein Begriff. Dass man in einen Bullen mit Knüppel und Helm prima auch den eigenen Vater hineinprojizieren kann war mir auch klar. Gut, ich warf keine Molotowcocktails, aber ansonsten habe ich mich munter und brutal abreagiert. Knüppel, Steine, Faustschläge. Da bekamen Menschen „ihr Fett weg", die das (manchmal) so gar nicht verdient hatten. Es galt (manchmal) eigentlich jemand Anderem.

Ich habe außer Brandsätzen und Brandstiftung eigentlich kaum etwas ausgelassen. In Ahaus, beim Castortransport, schlug ich mal einen Cop zu Boden, der sich etwas zu weit aus seiner Reihe getraut hatte und komplett „wilde Sau spielte". Das gab es nicht selten, dass Polizisten sich nicht mehr an Grundrechte hielten. Einige Male sah ich die Exekutive, die unter dem Schutze ihrer Uniformen, maskiert mit Helmen, auf komplett alles einprügelte, was sich bewegte. Fakt ist: Polizisten setzen Gesetze und Anweisungen um, ok. Fakt ist aber zudem: Auch innerhalb einer Demokratie werden Gesetze erlassen, die trotzdem noch lange nicht „menschlich" oder „gut" sind. Und das soll man einfach so hinnehmen? Schwachsinn!

Wir hatten keine Uniformen oder Panzerungen, die uns schützten. Dafür aber „Sturmhauben". Nazis und rechte Hooligans bekamen zuweilen ordentlich was aufs Maul (oder aber umgekehrt, manchmal war die eigene Visage ziemlich lädiert). Einmal habe ich einen rechten Hooligan erpresst, das brachte mir 600 Flocken. Ich sprühte Parolen, klaute (zum Wohle der „Warenumverteilung") und demolierte. Aufsummiert hätte das locker für einige Zeit im Knast gereicht, aber ich war meistens zu clever oder hatte unverschämtes Glück.

Aus heutiger Sicht sehe ich einiges etwas anders, einiges ist mir heute unangenehm, manches tut mir leid. Aus heutiger Sicht sehe ich auch, dass innerhalb der linksextremen Szene (mich eingeschlossen) einiges an Schrott lief. Selbstprofilierung, Machtkämpfe, Herrschaft, Klugscheißerei, wahrlich kein guter Nährboden, wenn man doch eigentlich eine bessere Welt aufbauen will. Vieles war aber auch toll, die Inhalte waren oftmals absolut notwendig und richtig, nur die Vermittlung der Botschaft war zuweilen nicht ganz stimmig.

Die Gewalt bei einigen Demos befreite mich förmlich von so viel Wut. Sie riss den Zorn nicht gänzlich aus meinem Herzen oder meinem Kopf, aber sie befreite beides für längere Zeit. Ich war damals mit beim G8-Gipfel in Genua, wo ein Demonstrant (Carlo Guiliani) erschossen wurde. Tränengas überall, sogar aus der Luft schossen sie es ab. Räumpanzer, wild um sich prügelnde Bullen, die nichts und Niemanden verschonten. Keine Übertreibung, das war zum Teil einfach nur grausam. Es tat zuweilen richtig gut, „jetzt erst Recht" dagegen zu halten. Es tat gut, wenn mal wieder eine Randale ausgestanden war und wir es denen „so richtig gezeigt hatten". Außerdem gab es in der Szene viele nette Mädels und manches Mal auch guten Sex. Das war alles wild und aufregend. Ich machte bei Hausbesetzungen mit, wurde einige Male bei Kleinkram erwischt, aber nie so richtig verurteilt. Es ging nicht nur darum zu kritisieren. Ich glaubte und glaube auch heute noch, dass vieles in der Gesellschaft einer „Runderneuerung" bedarf. Das (globale) System, die Gesellschaft hat viele Schattenseiten, welche im System selber liegen. Leistungsdruck, Beurteilung von Menschen, nach dem was sie (beruflich) tun und nicht nach dem, was sie sind. Abschottung und Vertreibung gegenüber provozierter und produzierter Armut und Flüchtlingen. Ein System, welches nicht unglücklich ist über Ausbeutung, Ausnutzung und bedarfsfremder Inwertsetzung. Ein ständiger Kampf und Wettbewerb, die Schwachen bleiben auf der Strecke. Das soll menschlich sein? Ich bezweifle das sehr.

In der Autonomen Szene ging es auch darum, Alternativen aufzubauen und aufzuzeigen, etwas Neues, etwas Anderes zu versuchen, politisch und praktisch meine ich.

Ich hatte damals gerade mein Geographie-Studium abgeschlossen, hatte einen eher mickrigen Job (eine halbe Stelle im Telefonmarketing) und zog auf einem Wagenplatz in einen Bauwagen, ohne fließendes Wasser mit einem Plumpsklo. Der Bauwagen hatte gerade einmal 150 Euro gekostet und ich hatte ihn so gut ich konnte ausgebaut. Es war herrlich, eine eigene Schutzburg, ein eigenes zu Hause. Zeit meines Lebens hatte ich Mitleid mit Obdachlosen und gab ihnen immer gerne etwas, vielleicht weil ich Sorge hatte, selbst ohne Dach über dem Kopf zu existieren. Der Wagen war meine Schlafkoje, mein eigener kleiner

Freiraum. Ich hatte einen kleinen Ofen dort eingebaut, den mir eine Bekannte geschenkt hatte. Wenn ich im Winter Holz aus dem Wald holte und die Glut mit Tannenreisig anfeuerte, dann roch das Ganze immer so herrlich und wurde urgemütlich warm. Dazu ein heißer Tee oder ein Bier und fertig war das eigene, warme und regendichte zu Hause.

Ich hatte damals auch wieder eine Freundin, Katharina. Ein Jahr lang hielt es, dann verließ sie mich wegen eines Anderen aus der Szene. Selten hatte ich so einen brutalen Nackenschlag erlebt. Von einem Tag auf den anderen, ohne Vorwarnung (naja, es gab bestimmt Warnsignale, die ich übersehen hatte) war es aus. Anschließend durfte ich noch permanent Zeuge werden, wie die beiden Pissis gemeinsam zu Veranstaltungen kamen. Es war, als ob mir jemand den Boden unter den Füßen wegreißt. Ich war völlig apathisch, soff fast jeden Tag, versank in Selbstmitleid und Depressionen und hatte eine unfassbare Wut. Es hatte damals nicht viel gefehlt und ich hätte den Wagen von meinem „Kontrahenten" abgefackelt. Ein Kanister Benzin und weg mit dem Scheiß! Ich habe dann aber darauf verzichtet. Dieses brutale Gefühl verlassen zu werden. Für mich bedeutete das: Du bist nichts wert! Du verdienst es nicht! Du bist nicht gut genug!

Irgendwann, einige Monate später, hatte ich eine Affäre mit einem anderen Mädel, so verblasste die Erinnerung an Katharina schnell. Heute ist sie fast bedeutungslos, ein Jahr Partnerschaft kann sehr schön sein im Leben, aber es ist einfach nicht besonders lang.

Auf dem Wagenplatz setzten wir uns für ein Autonomes Zentrum in Osnabrück ein. Das war irre toll und eine herausragende Erfahrung. Wir kauften ein altes Zirkuszelt und führten dort viele Veranstaltungen durch: Konzerte, Flohmärkte, Theater, sogar ein stadtweites Fußballturnier. Der Platz lag zwar räumlich zwischen der Osnabrücker Kläranlage und dem

Osnabrücker Müllabladeplatz, aber es war unser Platz. Wir kauften ein paar Hühner, säten Sonnenblumen und schufen ein zu Hause, an das wir glaubten. Und ich war mittendrin, ich war akzeptiert, anerkannt. Ich hatte ein ganz gutes Standing, das hat mir so gut gefallen. Ich gehörte dazu. Ich hatte ja leider nie so richtig das Gefühl, eine echte Familie zu haben, hier aber hatte ich eine. Mit einem Kumpel brachte ich eine kleine Zeitung heraus, „Die Zwille". Naja, es war wirklich nur ein kleines Szeneblatt, 150-200 Exemplare jeden Monat, aber ich hatte das Gefühl, etwas Richtiges und Wichtiges zu tun, im Kleinen. Es machte Spaß, brachte mir Anerkennung und ich empfand es als gesellschaftlich sinnvoll. Ich glaube in dieser Zeit war ich tatsächlich glücklich. Eigentlich hatte ich so viel Angst vor Menschen, aber wenn ich von einer Sache überzeugt war, so reduzierte sich die Angst sehr stark.

Dennoch, ich wollte die Angstbekämpfung noch stärker angehen. Weil ich damals noch privat versichert war konnte ich einen Therapieplatz, stationär, in der Christoph-Dornier-Klinik in Münster ergattern. Man glaubt es kaum, aber jemand half mir dabei mit ganzer Seele: Mein Vater. Ich habe viel über ihn geschimpft und gemeckert, oft auch zurecht. Aber er war wahrlich auch nicht nur schlecht. Er mühte sich nach Kräften damit ich den Therapieplatz bekam, stritt sich mit Krankenkassen und Beihilfestellen. Dafür danke ich ihm. Ich hatte ab einem gewissen Zeitpunkt, sehr früh in meinem Leben, ja innerlich eigentlich mit ihm gebrochen. Aber ich fand es beeindruckend, dass er wirklich etwas für mich tat. Das hatte mich überrascht und gefreut.

In Münster absolvierte ich eine stationäre, kognitive Verhaltenstherapie. Das war einfach genial. Die Therapeutin war klasse, sie verstand ihr Handwerk exzellent. Sie war noch recht jung, vielleicht Ende 20, aber durch und durch professionell und mit einem feinen emotionalen Gespür ausgestattet.

Die Klinik lag in der Nähe des Aasees, wo ich immer wieder joggen ging. Es gab Einzelzimmer, tolles Essen und wirklich eine perfekte Rund-Um-Betreuung. Die Mitpatienten waren auch nett. Ich lernte dort auch Menschen mit ganz anderen Störungen kennen. Ein Patient hatte riesige Angst, dass sein Kopf beim Unterhalten wackelte (was er nie tat). Eine andere Mitpatientin hatte Angst, dass sie Menschen umgebracht hatte. Zwei Mal war die Polizei in der Zeit vor Ort, weil die Patientin diese gerufen hatte, um sich selber anzuzeigen. Natürlich falscher Alarm. Eines Abends waren wir im Kino, sie saß neben mir. Am nächsten Tag fragte sie mich, ob sie den Besucher vor ihr gewürgt hatte (was natürlich nicht der Fall war). Ihre Aufgabe war es unter anderem, innerhalb der Therapie mit einem riesigen Messer und in Begleitung einer Therapeutin durch Münster zu gehen und sich so mit ihren irrealen Gedanken zu konfrontieren.

Das Ziel für mich war es zunächst einmal, alles über die soziale Phobie zu verstehen. Zu verstehen, was im Körper passiert. Der Körper hat ein gewisses Stressniveau, auf welchem er sich permanent befindet. Je nach Alltag ist dieses mal höher und mal geringer. Wenn das Stresslevel irgendwann überschritten wird, dann ist das Risiko für eine Panikattacke groß.

Soziale Situationen sorgen, auch das ist wohl bekannt, für massiven Stress bei dem Angstpatienten. Ist das Stressniveau nun eh schon sehr hoch, durch einen Job, Beziehungsstress oder irgendetwas ähnliches, dann wird es gefährlich. Ich versuchte den Stresspegel durch Sport und Meditationsübungen zu senken.

In der kognitiven Verhaltenstherapie geht es vor allen Dingen darum, neue Verhaltensweisen zu erlernen, neue Erfahrungen zu sammeln.

Es geht darum, in der Praxis zu realisieren, dass die Angst nicht zu einer Katastrophe führt. Es geht darum zu spüren, dass die Angst mit Aushalten der Situation geringer wird. Es muss nicht zwangsläufig das Reiz-Reaktionsschema vorhanden sein: Menschen = Stress = Angst. Vor allen Dingen sind es, so die Lehre der Verhaltenstherapie, unsere Gedanken, welche wieder und wieder dafür sorgen, dass wir eine Situation als enorm bedrohlich wahrnehmen.

Wenn man sich schon im Vorfeld verrückt macht und überlegt, was alles schiefgehen wird, dann sind es die Gedanken, welche die Angst erzeugen. Es ist schwierig, diese Gedanken steuern zu können, aber man kann das nach und nach lernen. Auch wenn man in der Angstsituation selber ist, dann sind es die eigenen Gedanken, welche die Angst aufrecht halten - oder aber eigenes Vermeidungs- bzw. Sicherheitsverhalten. Wenn man seine eigene Bewertung der momentanen Situation ändert, dann wird die Angst Schritt für Schritt geringer. Schlussendlich ist es die abschließende Bewertung, welche wichtig dafür ist, wie man weitere Situationen dieser Art einschätzt.

Das Allerschlimmste für mich war, wenn mich jemand auf meine Angst ansprach. Das war für mich der Beweis, dass ich schwach, nicht intakt, kaputt, defekt war. „Du wirkst aber angespannt", „Man sieht Dir Deine Angst an", „Alles ok? Du wirkst so nervös?", das reichte schon um mich tief nach unten, bis auf den Boden zu ziehen. Es ist unstrittig, wenn die Angst sehr stark ist, dann sieht es natürlich auch die Umgebung. Manche Menschen haben zudem ein feines Gespür für Emotionen, auch jenen macht man nichts vor, aber das Groß der Angst und Anspannung ist kaum ersichtlich. Heißt: Der Sozialphobiker nimmt seine Angst viel stärker wahr als die Außenwelt.

Um dieses einmal zu demonstrieren wurde ich in der Klinik gefilmt. Als Situationen wurden Gespräche mit Therapeuten oder Mitpatienten aufgenommen und mir danach vorgespielt. Es stimmt tatsächlich: Selbst wenn man innerlich fast durchdreht vor Angst und Nervosität, nach außen dringt bei weitem nicht so viel wie man meint. Und dennoch. Ich wünschte mir immer, ich könnte eine perfekte Maske vor dem Gesicht tragen, welche zumindest die Symptome wie mangelnden Augenkontakt, zuckende Mundwinkel, Verspannung und Verkrampfung verschleiern würde. Wichtig ist es aber sich selber zu sagen, dass dieses ja nicht immer so ist. Man hat auch manchmal gute Momente oder Tage, ja sogar Wochen. Und ganz besonders wichtig: Sich selber nicht auch noch verurteilen wenn man Angst hat! Es ist wichtig, sich mit dem barmherzigen Blick zu betrachten, sich die Angst zu erlauben, zu sagen: „Na gut, dann komm halt, Angst. Ich erlaube mir Angst zu haben. Angst, was willst Du mir sagen?". Wichtig ist es zu versuchen, nicht noch auf sich einzuprügeln, nach dem Motto: „Schon wieder! Das wird nie etwas mit Dir! Immer hast Du Angst, Du Versager!" Man sollte versuchen, liebevoll und nachsichtig mit sich umzugehen, sich selber akzeptieren.

Akzeptiere das Unvermeidliche. Ich brauche mich nicht zu verletzen und zu verurteilen. Ich bin gut wie ich bin, mit allen Schwächen und Stärken. Ich bin mehr als die Angst! Ich habe ein Gefühl aber ich bin nicht das Gefühl.

Manchmal ist das alles sehr schwer, insbesondere wenn man einen starken inneren Kritiker in sich drin hat oder eingeimpft bekommen hat, dass nur Stärke wertvoll ist. Wenn mir Menschen gesagt haben, dass man mir meine Angst und Anspannung ansieht, dann litt ich oft noch mehrere

Tage. Für mich bedeutete das nicht gut, nicht perfekt, nicht annehmbar zu sein. Eigentlich ein ganz schöner Irrsinn, nicht wahr? Schwäche ist ok, Schwäche ist gut! Schwäche macht liebenswert! Und: Niemand ist nur schwach! Man ist stark und schwach zugleich! Jeder Mensch ist etwas Besonderes, die eigene Geschichte macht Unverwechselbarkeit aus.

In der Therapie arbeiteten wir mit einem ausgezeichneten Buch von Stavemann (2010): „Im Gefühlsdschungel. Emotionale Krisen verstehen und bewältigen". Es handelt genau davon: Situationen einschätzen und deren Bewertungen und Gedanken ändern. Es wird dabei von dem sogenannten ABC-Modell gesprochen.

A ist die Situation, z.B. das Gespräch mit einem Menschen in einem Café.

B ist die Bewertung. Beispielsweise: „Oh Gott, ich werde fürchterlich nervös und angespannt sein. Mein Gegenüber wird das merken und mich für merkwürdig halten. Er wird mich ablehnen und will dann nichts mehr mit mir zu tun haben. Er wird denken: Was für ein komischer Typ, der soll mich in Ruhe lassen. Das wäre fürchterlich."

Es geht nun darum, dass B durch ein B` auszutauschen, also die Bewertung zu ändern. Sich z.B. zu sagen: „Na gut, vielleicht werde ich nervös sein und angespannt, das ist ok. Ich erlaube mir das. Ich brauche mich nicht so unter Druck zu setzen. Ich bin voll ok so wie ich bin, alles ist gut!".

...und das wieder und immer wieder.

C ist dann das Gefühl, das Verhalten. Bei einer Bewertung wie von B wäre es vermutlich Angst, Panik und vielleicht sogar eine Flucht aus der Situation.

Bei einer Bewertung gemäß B′ ist es nach einiger Zeit eine reduzierte Angst, etwas weniger Nervosität und vielleicht sogar eine leichte Freude, sich mit einem Menschen unterhalten zu können.

Es ist die Bewertung der Situation. Davor, währenddessen und danach, welche bei uns Gefühle auslöst. Entscheidend ist, wie wir eine Situation einschätzen und mit welchen Gedanken wir unser Verhalten prägen. Eine negative Bewertung kann Angst auslösen.

Im Grunde übten wir das einen Monat lang in Münster, massive Konfrontationstherapie. Ich sollte mich mit Menschen in der Klinik unterhalten, ein kleines Referat halten, Kontakte zu anderen Mitpatienten suchen, sogar auf der Straße wildfremde Menschen ansprechen (nach dem Weg fragen, ein kurzes Interview führen). Und „Shame-Attacks" sollte ich durchführen. Ich konnte wählen zwischen dem Tragen einer Weihnachtsmannmütze, kombiniert mit dem Hinterherziehen einer Banane (und lautem Schreien: „Komm Fiffi") oder dem Ausrufen von Stationen im Bus. Ich entschied mich für die Fiffi-Variante. Dadurch sollte ich lernen, dass andere Menschen gar nicht so sehr auf einen achten, es nicht unbedingt zu Katastrophen führen muss. Aber peinlich war mir das Ganze natürlich trotzdem. Grundsätzlich ist aber zu sagen, dass niemand in der Klinik zu irgendetwas gezwungen wurde. Man wurde natürlich auch nicht rausgeworfen, wenn man bestimmte Übungen nicht machte. Alles war freiwillig. Ich erinnere mich, dass mir diese Übungen sehr gut taten. Tatsächlich war diese Therapie ein Meilenstein in meinem Leben. Kaum etwas hat mich so gut zurück in die Spur gebracht wie die Zeit in der Christoph-Dornier-Klinik. Tatsächlich ist es so, dass der Aufenthalt in der Klinik dafür sorgte, dass ich 9 Jahre lang mit stark reduzierten Ängsten gut leben konnte.

Es ist nun aber illusorisch zu glauben, dass nach vier Wochen alles gut und die soziale Phobie einfach verschwunden ist. Aber sie war deutlich reduziert, ich hatte endlich Handwerkszeug bekommen, was ich im Alltag nun jederzeit einsetzen konnte. Zurück in Osnabrück, zurück auf dem Wagenplatz, übte ich wie wild geworden.

Eines soll an dieser Stelle einmal hervorgehoben werden. Eine soziale Phobie bedeutet Panik, Anspannung, Verzweiflung und großen Leidensdruck. Gleichzeitig sollte man sich als Sozialphobiker auch vor Augen halten, wie unfassbar mutig man ist wenn man sich wieder und wieder Situationen stellt. Das erfordert Größe, Charakter und Waghalsigkeit. Als Sozialphobiker ist man gar nicht ein solch großer Feigling, für den man sich oft hält. Im Gegenteil, wiederkehrend brutale Ängste zu erleiden, das beinhaltet gigantischen Mut, das ist echtes Heldentum.

Auf dem Bauwagenplatz gab es ständig Plenen, also politische Großtreffen, auf denen alles, aber auch wirklich alles, stundenlang zerquatscht wurde, bis sich irgendwann einmal ein Konsens fand. Ich ziehe das jetzt ein wenig ins Lächerliche, aber grundsätzlich finde ich die Idee der Konsensfindung natürlich gut, auch wenn es gesamt-gesellschaftlich wohl ein wenig schwierig wird. Diese Plenen waren eine gute Übung, vor Menschen zu sprechen, seine eigenen Ideen zu äußern. Ich konnte das ABC-Modell hier prima anwenden. Ganz wichtig - so fand ich - war insbesondere die Bewertung einer Situation, die vielleicht mal nicht so gut funktioniert hatte. Also nehmen wir an, ich hatte in einem Gespräch große, große Angst. Die Angst wuchs mir trotz geänderter Bewertung über den Kopf und ich musste die Situation verlassen. Dann hatte ich die Möglichkeit zu sagen:

B: Ich bin ein völliger Versager. Ich schaffe das nie. Niemand will mit mir so etwas zu tun haben, ich bin völlig unfähig soziale Kontakte zu haben und werde einsam und allein sterben.
C: Zieht dann eine heftige Traurigkeit und eine satte Depression nach sich.

Oder aber ich sage mir:
B`: Ok, jetzt war es vielleicht ein bisschen viel. Das ist ok und nicht schlimm. Ich kann jederzeit wieder eine neue Übung beginnen und beim nächsten Mal gelingt es mir vielleicht viel besser. Ich habe alle Hoffnung und ich habe schon viel erlernt und geschafft. Ein Rückschlag ist ganz normal und gehört dazu.
C`: Als Gefühl entsteht dann vielleicht eine leichte Traurigkeit gepaart mit Hoffnung und einem latenten Gefühl des Mutes.
Ich war beeindruckt von diesem Modell. Es kam mir so klar und logisch vor. Grundsätzlich ist natürlich zu sagen: Der tiefenpsychologische Ansatz geht etwas anders an Emotionsstörungen heran. Hier sollen es unbewältigte Konflikte und Leiden sein, welche in der Seele rumoren und die Botenstoffe im Kopf aus dem Gleichgewicht bringen. Der kognitive Ansatz geht von einem „falschen" Lernverhalten aus, welches

durch richtige, gesunde Erfahrungen zu korrigieren ist. Vermutlich hat beides seine Berechtigung, gegen eine gesunde Kombination dieser Ansätze spricht sicherlich nichts.

Die Zeit auf dem Wagenplatz näherte sich dem Ende.

Wie so oft in der linksextremen Szene fraß sich die Zelle von innen auf. Es gab Grabenkämpfe, massive Streitereien und viele, viele gestrandete Personen. „Treibgut der Städte" haben wir manchmal gesagt. Menschen, die schwer dem Alkohol oder Heroin oder sonstwas für Drogen verfallen waren. Menschen, mit massiven Schwierigkeiten, Menschen mit Psychosen. Menschen, die mit den politischen Ideen nichts anfangen wollten und konnten, sondern einfach den Wagenplatz als Möglichkeit gesehen haben, um zu feiern und zu versumpfen. Nichts dagegen. Aber wenn man morgens aus dem Bauwagen steigt und aufpassen muss, nicht in eine Spritze zu treten, dann ist das kein angenehmes Wohnen mehr. Es gab sogar neue Bewohner, die von Anfang an gesagt haben, dass sie mit Regeln nichts anfangen können. Meiner Meinung nach geht es nicht ohne Regeln, ohne eine gewisse Grundstruktur, das war leider kein Konsens. Anfänglich waren es noch so ungefähr 8-10 „fitte" Leute, die dort lebten und ordentlich was auf die Beine stellten. Der Platz wurde für die Öffentlichkeit herausgeputzt. Denn schließlich ging es ja auch darum, nach außen einen guten Eindruck zu machen, wenn man etwas erreichen will. Dazu kamen 2-3 Menschen, die dort lebten, die einfach grobe und große Lebensprobleme hatten. Das konnten wir mittragen, schließlich hatte das ganze Projekt ja auch einen sozialen Anspruch. Irgendwann jedoch lebten dort genau so viele „kaputte" wie „fitte" Leute und das System begann zu wanken. Es gab ständig Plenen, wie man ein gemeinsames Wohnen ermöglichen konnte, sodass alle Interessen gewahrt blieben. Dennoch wurde es von Monat zu Monat schlimmer. Der Wagenplatz „vermüllte", überall lag Dreck, kaputte Bier- und Weinflaschen und sonstiger Unrat herum. Immer mehr „fitte" Leute zogen weg. Alkohol und andere Drogen waren allgegenwärtig, schon morgens, direkt nach dem Aufstehen. Einmal brannte sogar ein Bauwagen ab, weil der Besitzer im Heroinrausch nicht bemerkte, wie eine Kerze umfiel. Er selber und seine Hunde kamen glücklicherweise mit dem Leben davon. Drei Jahre später wurde er tot aufgefunden, er hatte sich einen „goldenen Schuss" gesetzt.

In der Zeit, in welcher ich politisch aktiv war - ich glaube, das waren in Osnabrück etwa vier bis fünf Jahre - starben dort vier Menschen aus der Szene. Drei davon waren unter dreißig Jahre alt. Einer nahm sich das Leben, einer fiel aus einem fahrenden Kastenwagen heraus und schlug sich den Kopf auf, einer warf sich (man munkelte im Drogenrausch) aus einem Fenster im vierten Stock und einer nahm eine Überdosis Heroin. Irgendwann lebte auf dem Wagenplatz fast nur noch das „Treibgut der Städte". Ich hatte auch die Schnauze voll. Ich zog nach Vechta, um dort ein Aufbaustudium zu beginnen. Wenige Monate später wurde der Wagenplatz von der Polizei geräumt.

6 In Vechta

In Vechta lebte ich weiterhin politisch aktiv. Über einen Aushang am schwarzen Brett fand ich ein paar Gleichgesinnte. Wir trafen uns einmal die Woche in einer Kneipe, um uns zu organisieren und zu überlegen, welche politischen Aktivitäten wir voran bringen könnten.
Das muss man sich mal vorstellen: Ich, der ich vor einigen Jahren völlig in Panik verfallen wäre, wenn ich auch nur daran gedacht habe, unter Menschen zu gehen, war jetzt in der Lage, eine eigene, kleine politische Gruppe zu gründen. Ich nahm zwar immer noch Citalopram und trank auch immer mal wieder Alkohol, um den Stress einer sozialen Situation zu mildern, aber immerhin. Manchmal hat es mich geärgert, dass ich so schnell zum Bier griff, um mich zu beruhigen. Aber ich hatte oft nicht den Willen, den Mut oder die Lust, mich wieder und wieder durch ein ABC-Modell zu schlängeln, obgleich ich ganz sicher bin, dass es genau das ist, was hilft. Ich war froh, dass ich den Alltag auch gut ohne Drinks hinbekam, da war es dann abends für mich irgendwie ok. Das sollte sich später im Leben noch rächen. Ich war weit gekommen aber lange nicht so weit wie ich glaubte. Der Rückfall in alte Muster lauerte auf mich und hatte sehr viel Geduld. Er meinte, er würde mich schon kriegen, und er sollte Recht behalten. Das Krächzen der Krähe - weit, weit weg - versuchte ich zu überhören.

Gemeinsam mit einigen Mitstreitern aus der neuen Politszene mieteten wir uns ein Haus. Wir waren sieben Leute, sogar Keller und Dachboden waren belegt. Gemeinsam bauten wir eine kleine, linke Politzelle auf. „LiVe - Linkes Vechta" nannten wir diese. Zeitweilig war ganz schön was los in unserem kleinen Kulturzentrum und Wohnhaus, welches wir

„Schuberta" nannten, weil es in der Schubertstraße lag. Eine kleine, muntere „Szene" bildete sich. Im Wohnzimmer führten wir Veranstaltungen durch, kleinere Konzerte, Vorträge, Lesungen. Manchmal organisierten wir sogar einen großen Wurf. Zu einer Gedenkveranstaltung zum Holocaust mit zwei Auschwitzüberlebenden kamen 300 Besucher in den großen Hörsaal der Universität. Eine Freundin und ich moderierten. Uns schlotterten die Knie, aber wir bekamen es hin, irgendwie, und die Veranstaltung war ein absoluter Volltreffer.

Es geht - denke ich - gar nicht so sehr darum, dass man immer alles perfekt macht, dass alles perfekt läuft. Es reicht auch, wenn man es hinbekommt und es hier und da etwas holperig ist. Perfektionsanspruch kann eine starke treibende Kraft sein, unglaublich viel Energie freisetzen. Aber der Glaube, perfekt sein zu müssen kann auch krank machen, einen aufzehren und sogar vernichten. Weniger ist mehr, das sollte man sich manchmal zugestehen und es gut sein lassen. Wenn man immer nur das Maximum möchte, dann ist man nie zufrieden. Oft kann man sich aber auch mal loben, weil man einfach etwas gewagt und getan hat. Man hat das Recht dazu, mit dem was man erreicht hat, zufrieden zu sein. Es ist gut wie es ist.

Vechta war eine schöne Zeit. Es wurde viel diskutiert, nach wie vor auch viel gefeiert und wir stellten eine ganze Menge auf die Beine. Ich absolvierte ein Aufbaustudium, Umweltmonitoring, und arbeitete nebenbei als wissenschaftlicher Mitarbeiter an der Uni. Ich riss mir ein Bein aus, schließlich war ich nun mittlerweile schon 28. Ich wollte irgendwann auch mal Geld verdienen, auf eigenen Beinen stehen, nicht immer diese dusseligen Nebenjobs machen und jeden Euro dreimal umdrehen - außerdem wurde ich einmal mehr finanziell von meinem

Vater unterstützt. Einerseits freute ich mich darüber und war ihm dankbar. Andererseits kam ich mir auch manchmal schäbig vor, schließlich verspürte ich oft noch Hass, Wut und Enttäuschung ihm gegenüber. Manchmal habe ich seine monatlichen Überweisungen als Kompensationszahlungen angesehen, aber gut fühlte ich mich nicht dabei.

Bitter fand ich, dass sich nur wenige aus der linken Szene Osnabrücks mal nach Vechta verloren. Mich hatte das auch persönlich total betrübt, schließlich hatte ich zu einigen Leuten aus Osnabrück ein gutes, sehr intensives, vertrautes Verhältnis. Aber das brach leider schnell weg, vielleicht hatte ich mir auch etwas vorgemacht. Aus den Augen aus dem Sinn. Oft genug gehört das im Leben leider dazu. Das ist dann traurig und schade, weil man etwas Wertvolles verliert. Einige Monate war ich deswegen auch recht frustriert, andererseits gewinnt man ja auch immer wieder neue Menschen dazu, wenn man es wagt. Und letztlich: Ich war auch nicht so ewig in der Osnabrücker Szene aktiv, wenn man dann den Kontakt verliert, dann schmerzt es auch nicht ganz so fürchterlich. Mal gewinnt man Menschen, mal verliert man welche. Mal wird man selber verlassen, mal verlässt man Andere. Das ist eben auch das Prinzip der Bewegung, dass nichts so bleibt wie es ist oder mal war. Freundschaften und soziale Kontakte formieren sich neu oder lösen sich eben auch mal gänzlich auf.

In Vechta verliebte ich mich in ein Mädel, Natascha. Fünf Jahre blieben wir zusammen. Sie hatte einen guten Charakter und war eine liebenswerte Person, nicht die Allerhellste vielleicht, aber mindestens drei der fünf Jahre waren wirklich schön. Irgendwann riss sie die Reißleine, das hätte schon viel, viel eher passieren sollen. Wir hatten uns auseinandergelebt und es passte nicht mehr. Ständig Streitereien, keine echte Nähe mehr, kein richtiges Vertrauen. Als sie Schluss machte war ich zwei Tage lang tieftraurig, dann war alles wie neu. Ich war richtig frisch belebt, hatte unglaublich viel Energie, ich war frei und genoss es. Sie wollte dann noch platonischen Kontakt, aber wofür? Ich lehnte das ab.

7 Ein Teil der Gesellschaft

Für meine nunmehr zweite Diplomarbeit und meinen Hiwijob büffelte ich wie ein Ochse. Ich wollte endlich dazugehören. Ich wollte endlich auch mal arbeiten, einen Job bekommen, ein Teil des Ganzen werden. Ich schaffte mein zweites Diplom und erhielt eine Festanstellung als wissenschaftlicher Mitarbeiter an unserem Institut. Das Institut zog um nach Osnabrück und ich ging mit, wieder zurück, wieder zu Hause. Mit der Politszene hatte ich mittlerweile keinen Kontakt mehr. Ich war eben auch ein bisschen gekränkt, dass Menschen, die mir aus der „Osnabrücker Szene" wichtig waren, nur da waren, wenn ich meinen Hintern nach Osnabrück bewegte. Aber heute ist es ok, es ist wie es ist. Vorbei und ziehen lassen!

Hatte ich auch nicht mit gerechnet, dass ich mal wieder dorthin kehren würde. Ich war stolz wie Oskar. Eigenes Geld, zwar nur eine halbe Stelle, aber immerhin. Und der Job machte mir einen Heidenspaß. Es war mir egal, ob ich vier, fünf oder sechs Tage im Büro war. Ich schuftete mich ordentlich ab. Und wenn es einem Spaß macht, und man gut ist, dann wird man besser und besser und erhält positive Rückmeldungen, weitere Chancen und noch mehr positive Rückmeldungen. Das war irre. Ich war mittendrin, hallo Leben, hallo Kohle, hallo Anerkennung, hallo Respekt! Die Krähen waren weg, ich sah und hörte sie nicht mehr, stattdessen bunte Papageien, welche farbenfroh um mich herumflogen. Klar hatte ich noch manchmal Angst vor Menschen, manchmal nahm ich eine Tablette Lorazepam (Tavor), wenn ich Vorlesungen oder einen Vortrag halten sollte, aber ich lebte stabil. Ich hatte es geschafft. Das gute Leben konnte kommen. Gleichzeitig aber wiederum machte der Stress mir manchmal auch zu schaffen. Manchmal soff ich mich in

Kneipen um, bis ich nicht mehr konnte. Ich fragte mich zuweilen, ob ich durch die Workoholic-Arbeit und die ständige Sauferei nicht vielleicht auch etwas unterdrückte, etwas wegdrängte? Die Angst trieb sich immer noch munter in mir herum und suchte einen Ausweg, sie versuchte auszubrechen. Die Selbstzweifel, die traurigen Momente, die Selbstunsicherheit, sie zermarterten mich immer noch. Ich war zwar im Wesentlichen stabil und es ging mir so weit gut, aber eben auch nicht immer. Durch die Sauferei machte ich mich manchmal ganz schön zum Kasper. Ich wurde zwar in der Regel nicht aggressiv, aber zwei Mal war ich so breit, dass ich ins Krankenhaus eingeliefert wurde, und einmal in eine Ausnüchterungszelle, weil ich Blumen ausgerissen und Fahrräder umgeworfen hatte. Ich fand manchmal einfach kein Ende. Das Bier schmeckte so gut, machte mich glücklich, frei, löste meine Stimmung und Zunge. War ich ein Alkoholiker? Ich ging zu einer Beratungsstelle: Die sagten ganz klar: „Ja, Sie sind einer!" Ich machte einen Kurs: „Kontrolliertes Trinken". Das half mir für ein halbes Jahr, dann soff ich wieder bis ich mich zum Oberidioten gemacht hatte. Alleine, zu Hause, trank ich so gut wie nie. In Gesellschaft immer. Gegen den Stress. Gegen die Unsicherheit, gegen die Einsamkeit auch in Gesellschaft, gegen die Angst, gegen die soziale Phobie. Ich habe versucht, die soziale Unsicherheit durch Alkohol zu beruhigen und machte sie dadurch erst wieder groß und mächtig, das dumme Viech. Ich fütterte und mästete sie mit Bier, Wein, Schnaps, allem was ich kriegen konnte - was für ein Fehler!!! Es war nicht so, dass ich ständig soff, aber viel zu viel, mindestens alle zwei Monate hatte ich einen Filmriss, zweifelsfrei. Es war aber auch so schön, stürze den Becher runter, die soziale Phobie säuft sich voll und schläft ein und ich habe freie Bahn. Ich konnte mich dann nett unterhalten, ohne zu zweifeln, ohne Traurigkeit, ohne

Blockaden - einfach geil. Ganz schlimm war regelmäßig der Tag danach, wenn ich Kumpels anrufen musste, um zu fragen wie ich nach Hause gekommen bin. Wenn ich fragen musste ob ich etwas angestellt oder dummes Zeug gelabert hatte. Und am Tag danach hatte ich Depressionen bis zum „geht nicht mehr". Ich weinte dann oft, zog mir eine Decke über den Kopf und stellte das Telefon aus. Dadurch, dass ich nur eine halbe Stelle hatte ging das ja irgendwie, das bekam kaum jemand so richtig mit. Ich lebte in meiner kleinen „Siff-und-Saufbude" (12 Quadratmeter für 150 Euro warm). Warm, ein Dach über dem Kopf, trocken, Strom, ein Computer, Licht, ein Bett, ein Tisch, ein Stuhl, ein Kühlschrank, das WC und die Dusche auf dem Flur. Mehr brauchte ich nicht. Ich hockte nach ganz schlimmen Nächten dann kotzend über dem Klo und mir wurde mehr und mehr bewusst, dass ich nicht nur Depressionen und eine soziale Angststörung, sondern auch noch ein heftiges Alkoholproblem hatte. Ein Alkoholproblem, welches durch meine Vermeidungstaktik und das alkoholische Ertränken der sozialen Phobie ausgelöst wurde. Nun, eine soziale Phobie lässt sich nicht ertränken, die kann nicht absaufen. Eine soziale Phobie hat überall noch Sauerstoff oder braucht vielleicht gar keinen. Eine Sozialphobie lebt anaerob. Nach dem Suff war sie jedenfalls immer wieder präsent, hellwach mit einem griesgrämigen: „Guten Morgen, Du Loser. Kennst Du mich noch? Wir beide machen uns heute mal einen schönen Tag", und dann lachte sie laut und hämisch. Ich hatte alle Stadien durch, die einen als Alki abstempeln. Ich wurde mehrfach darauf angesprochen, dass ich zu viel trinke. Ich bekam latenten Ärger mit dem Gesetz. Ich hatte Filmrisse, ging manchmal einfach nicht zur Arbeit, Signale voll auf Rot.

Am allerschlimmsten war das schlechte Gewissen nach dem Suff, das „Nicht-Wissen" wie ich nach Hause gekommen war. „Oh Nein, nicht schon wieder" dachte ich oft beim Wachwerden. Der erste Blick nach Portemonnaie und Handy. Der Blick nach den Nachrichten, welche ich im Suff geschrieben hatte. Manches Mal war es arg peinlich, oft für mich nicht akzeptabel, ein langsamer Abstieg, dem ich bei mehr oder minder vollem Verstand beiwohnte. Wenn ich bei ertränktem Bewusstsein in meine Koje krabbelte und meinen Rausch ausschlief, da möchte ich Peter Wawerzinek zitieren: „So legt sich kein Held ins Bett. So wirft Abfall sich in die Ecke" (Wawerzinek 2013).

Alkohol-Gruselgeschichten erlebte ich zuhauf. Eines Nachts stand in der Nähe meiner Siffbude ein Güterzug auf den Gleisen. Ich robbte voll besoffen den Bahndamm hinauf und brach eine der Türen auf. Einfach um zu schauen, was der Zug geladen hatte. Ich wollte sehen, ob ich etwas gebrauchen konnte. Der Waggon transportierte im vorderen Teil zunächst jede Menge Staubsauger, brauchte ich nicht, schade. Ich zerpflückte also munter die Lieferpaletten, wie ein Eichhörnchen auf der Suche nach Nahrung. Ich hoffe auf einen besseren Fang. Plötzlich fuhr der Zug los. Ich also heftigst betrunken in einem langsam fahrenden Güterwaggon. Ich manövrierte mich unter vollem Adrenalin die Waggontür hinaus, hangelte mich an der Außenwand entlang, sprang ab und kugelte den Hang wieder herunter. Wäre ich zwischen die Gleise gefallen, dann wäre es aus gewesen, mindestens ein Bein ab. Fuck off, Junge. Wie dämlich kann man sein!!?

Ein anderes Mal riss ich jede Menge Blumen in der Stadt heraus, die waren für meine damalige Freundin gedacht. Ich hatte solch einen Filmriss, dass ich mich kaum erinnern kann. Irgendwann griff die Polizei mich auf, wohl weil ich Fahrräder umgeworfen hatte. Der Abend klang dann in der Ausnüchterungszelle aus, das merkte ich aber erst am nächsten Morgen. Der Spaß kostete mich zunächst 210 Euro: 70 Euro für die Fahrt in der „grünen Minna", 70 Euro für die Zelle und weitere 70 Euro, weil ich scheinbar sturzbesoffen in die Ecke gepinkelt hatte. Großartig! Zwei Wochen später wurde ich von der Polizei vorgeladen, weil die Spur der ausgerissenen Blumen bis zur aufgebrochenen Hintertür eines Ladens zeigte und an der Vordertür fortführte. Geklaut war aber scheinbar nichts. Ich kann mich nicht im Geringsten erinnern, dass ich breit wie eine Axt in einen Laden eingestiegen bin. Sicherheitshalber bezahlte ich den Schaden und entschuldigte mich auch prophylaktisch beim Ladeninhaber mit einer Flasche Wein, Gott war das peinlich. Im Nachhinein hat mich diese abgefuckte Nacht über 400 Euro gekostet. Junge, toll gemacht! Mach was, ändere Dich! So geht es doch nicht weiter, höchstens mit Karacho in den Abgrund. Weitere Geschichten dieser Art erspare ich mir besser.

Und doch klappte auch vieles, ich war ja auch nicht dauerbreit, trank oft auch tagelang gar nichts. Trotz der offensichtlichen Misere war ich auch nicht gänzlich unglücklich. Ich hatte einen Job, der mir viel Spaß machte, gute Kumpels, was wollte ich mehr.

Kumpels waren mir immer sehr wichtig, es war für mich der Ersatz einer Familie. Rudi, „Onkel Atze", Henk und Pepe, der „Pirat", eine Handvoll hatte ich. Mich stabilisierte das sehr. Zu wissen, dass es Menschen gibt, die zu mir halten, egal, welche Marotten ich so an den Tag legte. Menschen, mit denen ich reden und Bier trinken konnte, Menschen, die zuhören und quatschen können. Aber ohne Bier traf ich mich irgendwie ungerne, ich mochte mich dann zu wenig, war zu nervös, zu verspannt und hatte das Gefühl, ein schlechter Gesprächspartner zu sein. Mit „Onkel Atze" zog ich durch Kneipen, wir mochten beide Asi-Spelunken, ohne dieses alberne Neon-Publikum. Wir redeten viel Stuss und soffen mindestens genauso viel Bier. „Onkel Atze" ist ein genialer Biertrinker und überhaupt eine „coole Sau". Schriftsteller, Bukowskimäßig und jede Menge Flausen im Kopf. Jemand mit Hirn, Herz und Cojones. Er arbeitete als Sozialpädagoge. Sein Job war es, andere Menschen aus der Scheiße zu holen.

Mit Henk und Pepe kuckte ich immer wieder Fußball: HSV. Meistens verloren wir und hatten dann schlechte Laune. Wir waren fürchterlich abergläubisch, nach jedem HSV-Tor musste man einmal um den Tisch laufen. Vor dem Spiel wurde auf Autogrammkarten der gegnerischen Mannschaft gedartet, das war immer eine feine Sache. HSV spielte oft unterirdisch, aber einen Fußballverein verlässt man nicht. Ist doch klar, seine Seele verlässt man ja auch nicht. Henk kenne ich schon fast 20 Jahre. Ein feiner Kerl, gastfreundlich, witzig, guter Humor, alles andere als ein 0815-Typ und mit einem ziemlichen Dachschaden ausgestattet. Pepe, eine gute Socke, hilfsbereit, bodenständig, gutmütig und ein unverbesserlicher Optimist.

Der „Pirat" war ebenfalls ein guter Junge. Mitte 40, ein echtes Multitalent und ein Überlebenskünstler. Er trug außerhalb seiner Wohnung immer einen Piratenhut. Seine Frau - Clara - und er lebten von Straßenmusik. Wenn sie Geld brauchten, dann zogen sie mit ihren Hunden und Gitarren los, um ein paar Münzen einzuspielen, das reichte dann wieder für eine Weile. Er hatte einen interessanten Blick auf das Leben. Außerdem ist es stark, wenn Menschen sich unorthodox durch die Welt manövrieren. Er war ein ungeschliffener Diamant. Ich genoss es immer, bei ihm und seiner Lady zu Gast zu sein und ein paar Pils zu trinken. Das hatte immer etwas wohliges, heimeliges an sich.

Mit Rudi teilte ich die Begeisterung für Bier und Fußball. Eine total „ehrliche Haut", guter Charaktertyp, hilfsbereit und loyal und mit einem guten Wertesystem ausgestattet. Wir gingen öfters ins Stadion und schauten VFL Osnabrück, danach gab's ordentlich Halbe im „Grünen Jäger" und wir quatschten „einen dicken Draht", wie er immer sagte. Weltklasse. Kumpels sind großartig. Kumpels sind eine Bank.

Eine Freundschaft allerdings zerbrach, woran ich sehr, sehr lange zu knabbern hatte. Rizzo, ein Freund, den ich schon kannte seitdem ich 18 war. Die Verbindung stimmte, die Chemie auch, in vielerlei Dingen waren wir uns ähnlich. Er wusste so ziemlich alles von mir und ich, glaube ich, von ihm ebenfalls sehr viel. Wir begleiteten uns lange Jahre auf unseren Lebenswegen. Wir besuchten uns regelmäßig, soffen, schmiedeten Pläne. Ich hatte ein ganz besonders enges Vertrauens-verhältnis zu ihm. Auch er litt unter Depressionen. Er studierte irgendwann in Holland. Wenn es ihm mal schlecht ging fuhr ich natürlich dort hin und besuchte ihn. Leider lief es dann auseinander, auf eine für mich sehr kränkende Art. Wir hatten uns mehrfach verabredet, ich hatte mich drauf gefreut, und er kam einfach nicht. Mehrfach hintereinander wurde ich versetzt. Das fand ich so verletzend. Nichts im zwischenmenschlichen Bereich ist so bitter wie versetzt zu werden. Das kann einmal passieren, aber nicht zwei, drei, viermal hintereinander. Natürlich weiß ich jetzt, dass er da schon kein ernsthaftes Interesse mehr an einer Freundschaft mit mir hatte, es passte einfach nicht mehr. Mich hat das tief getroffen, war er doch für mich - für lange Zeit - eine der tragenden Säulen meines Lebens gewesen. Ich fühlte mich in meiner Person schwer gekränkt, ich war verlassen worden. So fühlte sich das an. Und wenn man an einer Freundschaft klebt und nicht loslassen kann, dann ist das ein Knüppel, der einem zwischen die Beine geworfen wird, naja, den man sich selber in den Weg legt, um ehrlich zu sein. Denn letztlich hat man sich in einem Menschen getäuscht, sich diese Täuschung einzugestehen ist nicht leicht.

Wir liefen uns eines Tages zufällig in Osnabrück über den Weg. Er lebte dort mittlerweile und hatte zwei Kinder. Die Begrüßung war (für mich) so, als ob wir uns nie aus den Augen verloren hätten. Wir trafen uns dann auch mal in einer Kneipe und soffen und es war fast wie früher. Wir versprachen uns wieder Kontakt zueinander aufzunehmen. Ich sagte ihm auch, dass mich sein Verhalten schwer gekränkt hatte, das änderte nichts daran, dass er sich in der Folgezeit wieder und wieder so verhielt. Pissnelke! Ich ging seiner Unzuverlässigkeit und seiner Gleichgültigkeit noch einige Male auf den Leim, bevor ich ihm schrieb, dass ich nun keinen Kontakt mehr wünschte.

Noch eine wichtige Regel: Wenn ein Mensch einem wiederholt nicht gut tut, einen kränkt und verletzt, dann muss man ihn zum Mond schießen. Leichter gesagt als getan, man wünscht sich ja gerade, dass es wieder so wird wie es mal war. Aber das ist oft genug Illusion. Menschen sein lassen, ziehen lassen, gut sein lassen. Die Schuld nicht zu sehr (aber auch ein bisschen) bei sich suchen. Es gibt nun einfach Menschen, die irgendwann nicht mehr zueinander passen, die sich (vielleicht einseitig) voneinander entfernen. Die Situation einfach als Situation sehen, die ist wie sie ist. Schimpfen, meckern, traurig sein, wütend sein, alles ok und richtig. Aber einen Menschen dann auch ziehen lassen und nicht mehr ständig hinterher rennen…

Und eines Tages meinte es das Schicksal ganz ausgezeichnet mit mir - ich hatte mich neu verliebt. Ich lernte das junge Mädel, meine spätere Frau - nennen wir sie Spatz - über das Internet kennen. Das erste

Rendezvous fand in der „Zwiebel" statt. Einer Kneipe, in welcher Johnny Cash gespielt wurde. Ich trank sehr wenig und wir unterhielten uns den gesamten Abend, bestimmt vier oder fünf Stunden. Danach war ich baff. So eine nette Dame, mit Stil, Niveau, Charakter und viel Humor hatte ich bislang selten kennengelernt. Und hübsch war sie auch noch. Es dauerte noch fünf oder sechs Treffen bis zur ersten Umarmung, zum ersten Kuss. Ich war der glücklichste Mensch der Welt. Nachdem wir zusammen waren lebte ich einige Monate in totaler Glückseligkeit und Euphorie, unglaublich wie das beschwingen kann. Wir unternahmen viel, verreisten, redeten manchmal stundenlang, schauten fern und machten all das, was man als Paar eben so macht. Es war großartig und phänomenal. Ich genoss ihren Humor, ihr Einfühlungsvermögen, eine überdurchschnittliche Intelligenz, ihr hübsches Aussehen. Ich war manchmal richtig stolz, mit ihr zusammen zu sein. Sie war sensibel und hatte Power. All das hat sie heute immer noch, und heute sind wir verheiratet. Ich kann mich in einigen Dingen wahrlich nicht beklagen, in keinster Weise.

Durch die Partnerschaft wurde alles in meinem Leben irgendwie leichter und besser. Wie auf 7-Meilenstiefeln raste ich durch die Unilandschaft, veröffentlichte Publikationen, programmierte, lehrte und betreute Studenten. Mein Steckenpferd war Webprogrammierung im Bereich der Geoinformatik. Ich erhielt neben der halben Stelle einen Posten als Geschäftsführer einer kleinen Lobby-Vereinigung. Ich leitete große Projekte, in denen es um sechsstellige Beträge ging. Ich saß an meiner Doktorarbeit, tage- und nächtelang. Das war zwar oft mühselig, machte mir aber immer Spaß. Ich merkte einfach, dass ich anfing etwas zu können, was Andere eben nicht können, ein tolles Gefühl. Da kommen Menschen ins Büro und fragen Dich um Rat. Hatte ich mich sonst durch meine eigenen Gedanken oft klein- und niedergemacht, so freute ich mich jetzt über Komplimente und Schulterklopfen. Krähe? Welche Krähe? Ich lebte im Papageienland, mir konnte keiner was.

Prinzipiell ist das keine schlechte Sache, Selbstbewusstsein aus der Arbeit zu ziehen. Aber grundsätzlich ist man dann natürlich vom Lob und der Anerkennung Anderer abhängig. Es ist nichts, was „aus einem selbst" kommt. Besser als nichts, aber noch lange nicht das, was man für eine stabile Seele braucht. Sich selbst lieben und anerkennen, sich selber akzeptieren und wertschätzen. Ein Werk, welches mir dabei geholfen hat, ist das Buch „So gewinnen Sie mehr Selbstvertrauen" von Merkle (2001).

Manchmal jedoch wurde ich so tief heruntergezogen. Oft, wenn ich mit meinem Vater telefonierte. Er hatte immer noch Macht über mich. Es widerte mich manchmal an, wie er Realitäten verbog, sich Vergangenes und Aktuelles reflektionslos schön redete, immer wieder dieselben Fehler machte (unnötige Kritik, Besserwisserei) und - so schien es mir - nichts aus harten Krisenjahren gelernt hatte. Aber wie sollte er auch? Ich hatte mich ihm gegenüber ja nie so richtig offenbart.

Er hatte auch seit mehreren Jahren eine neue Freundin. Dieser verbot er Kontakt zu anderen Männern, wie im Patriarchat. Verbote auszusprechen waren scheinbar nach wie vor eine seiner Lieblingsbeschäftigungen. Vielleicht war es gut für die Dame, dass sie ihn dann irgendwann verließ. Er lernte eine neue Frau über eine Agentur kennen, 30 Jahre jünger, aus China. Sie sahen sich zwei Mal und er sagte: „Das ist die große Liebe". Vielleicht war es das, ich fand es befremdlich, ohne es beurteilen zu können. Trotzdem gönne ich es ihm, dass Dinge schief gelaufen sind heißt ja nicht, dass man Anderen kein Glück wünscht.

Mir reichte es, mich berührte das ganze immer noch massiv, auch wenn ich oft daran arbeitete, das ganze „Vergangenheitsthema" zu verstehen und zu verzeihen. Telefonate rissen „alte Wunden" auf, ein Verheilen war einfach nicht möglich. Ein Gespräch, ein konstruktiver Dialog auf einer Ebene, um einmal Vergangenes gemeinsam zu klären, war irgendwie damals noch nicht realisierbar. Nach einem abgrundtief hässlichen Streit (auch von meiner Seite) brach ich den Kontakt zu ihm ab. Ich zog den Stecker raus oder aber nahm die Fernbedienung nun an mich, wie man es nimmt. Sägen Sie kein Sägemehl, Vergangenes ist gewesen. Das tat mir gut, aber die Gedanken blieben und der innere Kritiker stampfte manchmal noch munter mit seinem Fuß vor sich hin und spuckte Gift und Galle in meinem Kopf. Wenn ich es schaffe, ihn kleiner zu kriegen, dann habe ich schon viel gewonnen.

Ich zog dann mit meiner Freundin zusammen. Ein mutiger Schritt. Im Dezember 2011 bewältigte ich meine Promotion, ich war jetzt Dr. rer. nat.. Ich hab mir aus dem Titel zwar nie so wahnsinnig viel gemacht, aber stolz war ich schon, definitiv. Genau genommen sehr stolz sogar. Ich musste, nachdem ich die Dissertation abgegeben hatte, das Werk noch mündlich verteidigen. Dafür ließ ich es mir nicht nehmen, eine Tablette Lorazepam zu schlucken, gegen die Nervosität. Und es lief spitze, ich war souverän, verstand mein Handwerk und erhielt die Bestnote. Ich hätte vor Freude schreien können.
Es ist ein irres Gefühl, auf etwas hingearbeitet und es geschafft zu haben. Dabei spielt es keine Rolle, ob es sich um eine Ausbildung oder eine Masterarbeit, eine Lehre oder ein Werk außerhalb des Arbeitslebens handelt. Entscheidend ist, dass man sich etwas vorgenommen und es

geschafft hat. Das stärkt das Selbstbewusstsein enorm. Scheitern ist nichts schlimmes, aber etwas zu schaffen ist grandios.

Einen Monat später begann ich einen Job in der freien Wirtschaft. Ich wollte jetzt auch mal an die Fleischtöpfe heran. Nicht nur von einer halben oder Dreiviertel-Stelle leben (die zudem befristet war), sondern eine unbefristete, gut bezahlte Position. Die hatte ich nun. Ich ging jeden Tag zur Arbeit, merkte aber, dass es doch ganz, ganz anders als an der Uni war.

Meine Angst hielt sich in Grenzen, ich nahm weiterhin mein Citalopram und war nach wie vor recht zufrieden mit mir und der Welt.

Die Kollegen und Vorgesetzten im Job waren sehr nett, nichts daran auszusetzen. Aber es ist einfach ein großer Unterschied, ob man (zumindest meistens) für seine eigenen Projekte und seine eigenen Ideen arbeitet, oder ob man „nur" ein ausführendes Organ ist. An der Uni war es auch nicht so „schlimm" wenn mal etwas nicht funktionierte, wie es sollte. Klar gab es auch häufig Druck, aber verglichen mit der freien Wirtschaft war das ein großer Unterschied. Tue dies, tue das. Zum Wohle der Firma und deines eigenen Geldbeutels. Aufstehen, arbeiten, funktionieren. Trotzdem hat mir die Arbeit Spaß gemacht, aber ich war immer fürchterlich unsicher. Kann ich das? Schaffe ich das? Kriege ich das hin? Ich MUSS es allen Recht machen. Ich habe so viel gezweifelt und blieb deswegen oft ewig im Büro, um Aufgaben nachzuarbeiten, mich einzuarbeiten und niemanden zu enttäuschen. Und das zahlte sich aus: Nach einem Riesenprojekt bekam ich sogar eine Sonderprämie eines Monatsgehaltes, cool. Geld kann ganz schön geil sein. Spatz und ich hatten uns mittlerweile entschieden, uns ein Haus zu kaufen. Wir suchten einige Monate und fanden dann eines in einem kleinen Ort zwischen Melle und Osnabrück. Mein absoluter Traum, mit einem Menschen, den man liebt, mit dem man sich wünscht für immer zusammen zu sein, in einem eigenen Haus zu leben. Es gehörte ein riesiger Garten dazu, fantastisch. Bevor wir das Haus kauften musste natürlich erst die Finanzierung geklärt werden. Wir schoben einige Dinge an und fuhren dann aber erst einmal in den wohlverdienten Urlaub nach Gomera.

Ich hatte mit Spatz schon tolle Urlaube verlebt, Camping an der Nordsee, Kanufahren in Südfrankreich, doch Gomera war perfekt. Es war warm, wir hatten viel Zeit, faulenzten viel, tranken Wein, gingen spazieren. Dort machte ich ihr einen Heiratsantrag und sie sagte „Ja", ich konnte es kaum glauben. Wieder in Deutschland kauften wir das Haus, finanziert über eine Bank, und freuten uns auf eine wunderschöne, gemeinsame Zukunft. Neun Jahre hatte ich jetzt mit einer stark reduzierten sozialen Phobie gelebt, so kann es weitergehen. Doch es kam ganz anders...

8 Der totale Absturz oder das heulende Elend

Die Umbauarbeiten am Haus waren brutal. Ständig gab es etwas zu tun. Theoretisch war ich ein schlauer Mensch, in theoretischen Dingen, aber handwerklich war ich eine Null. Es machte mir auch überhaupt keinen Spaß, Tapeten abzukratzen, Wände zu spachteln oder Schrauben einzudrehen, das gefiel mir überhaupt nicht. Die Arbeit ging kaum voran. Wir hatten zwar tolle Unterstützung, auch durch Kumpels, aber es dauerte und dauerte. Mir ging das alles nicht schnell genug, aber ich konnte auch nichts dagegen tun. Dann immer noch die „normale" Arbeit, um Geld zu verdienen, auch das allein ist ja nicht ganz ohne. Und immer der Druck, Geld verdienen zu müssen um die Raten zu zahlen, das war fürchterlich. Erst merkte ich nur, dass ich immer verstimmter und in mich gekehrter wurde, und dann brach sie voll los: Die soziale Phobie war wieder so stark in meinem Kopf wie eigentlich fast noch nie in meinem Leben. Depressionen, Selbstmordgedanken. Druck, Druck, Druck. Keine Papageien weit und breit, nur hässliche, dunkle Krähen. Krah, Krah, Krah, in voller Lautstärke. Es dröhnte durch meinen Kopf und ließ meinen Körper vibrieren. Auf fast jeder der X-Millionen Nervenzellen hatten sich Krähen ein Nest gebaut, diese Teufelsbiester. Du musst das voranbringen, Du musst Geld verdienen, Du darfst das Haus nicht verlieren! Du musst das schaffen! Andere schaffen es doch auch, wieso Du nicht?! Es wurde immer schlimmer, brutal schlimm. Ich konnte eigentlich Menschen gar nicht mehr begegnen, ich bekam solche Panikzustände, solche Angst und habe mich danach so geschämt, verurteilt, es ging tiefer und tiefer, der freie Fall. Depressionen, Schwärze um mich herum. Anhaltender Regen, Kälte, Nebel, Grausamkeit, in einem kalten Loch.

Zur Arbeit zu gehen war die Hölle aller vorhandenen Fegefeuer, ich litt dort 1000 Tode. Auf die Straße zu gehen, in den Zug zu steigen, mich auf der Arbeit zu unterhalten, es war fürchterlich. Ich war völlig und komplett überfordert. Ich vermied immer mehr. Alkohol, Tabletten, nicht mehr aus dem Haus gehen, das Leben schränkte sich nach und nach immer weiter ein. Als ob ich auf einer Insel bin und das Wasser um mich herum steigt und steigt. Haifische aus dem Meer, Krähen aus der Luft. Kein Versteck auf der Insel - Hilfe, warum hilft mir keiner? Hätte ich jetzt noch meine 150-Euro-Siffbude, dann wäre der Druck nicht so groß, aber jetzt besaß ich ein Haus, gemeinsam mit meiner Frau, die ich auch nicht enttäuschen wollte.

Auf der Arbeit merkte man mir irgendwann natürlich auch an, dass etwas nicht stimmte. Ich versuchte die Angst wegzudrängen, aber dann kam sie umso stärker. Will man die Angst nicht akzeptieren, kämpft man gegen sie an, dann frisst sie einen auf, sofort, mit einem Haps, um einen danach in den Dreck zu spucken. Ich versuchte so zu tun, als ob nichts wäre, aber auch das war chancenlos, keine Möglichkeit. Ich versuchte mich an das ABC-Modell zu erinnern und übte und übte, aber die Angst war viel zu stark, als dass ich positive Erfahrungen machen konnte. Ich schrieb mir Kärtchen mit geänderten Bewertungen der angsterfüllten Situationen, es brachte nichts. Es herrschte in Beisein von Menschen nur noch Angst, Angst, Angst. Teilweise schmerzten meine Schultern richtig vor lauter Anspannung und Verspannung. Ich probierte andere Antidepressiva aus: Sertralin, Venlafaxin, Quetiapin, über mehrere Monate jeweils die Höchstdosis. Keine Veränderung. Dann reichte es mir: Ich nahm Lorazepam (Tavor), täglich, bis zu vier Milligramm. Ich wusste, dass das süchtig macht aber das war mir egal. Ich musste ja Geld verdienen, die Raten für das Haus zahlen; ich musste mich durchquälen. Ich musste doch! Müssen, dies müssen, das müssen. Druck, müssen, Fuck! Hilf mir bitte Lorazepam, bitte hilf! Es war so lästig, weil jeder Arzt weiß natürlich auch, dass Tavor, über längere Zeit eingenommen, eine Abhängigkeit nach sich zieht. Ich ging zu unterschiedlichen Ärzten, ließ mir immer irgendwelche Geschichten einfallen, nur damit ich das Lorazepam verschrieben bekam. Zumindest fand ich irgendwann eine Ärztin, welche auf mein eigenes Risiko bereit war, mir die Tabletten dauerhaft zu verordnen. Damit konnte ich zur Arbeit gehen, die Angst war unter einer großen Käseglocke. Ich war zwar oft relativ müde, aber es ging irgendwie. Dass es effektiv keine Dauerlösung sein konnte war mir auch klar. Ich versuchte eine Reha zu beantragen, die wurde aber abgelehnt. Mein betreuender Neurologe sagte mir leider nicht, dass man auch durch eine Überweisung in eine Klinik eingewiesen werden kann. Das musste ich erst durch Internetrecherchen herausfinden. Ich ließ mich dann stationär nach Lengerich einweisen, vier Monate Wartezeit, zumindest aber ein Lichtblick. In der Zwischenzeit hatte ich nun auch noch Cipralex ausprobiert, wie üblich bis zur Höchstdosis und das mehrere Monate, kein angstabschwächender Effekt bei mir, leider...

Ich war so emsig auf der Suche, ich las alles über unterschiedliche Medikamente, über verschiedene Therapieverfahren. Ich las Postings in Internetforen, ständig. Ich konnte das alles einfach nicht akzeptieren, das war kein lebenswertes Leben. Ich probierte so viel aus, kämpfte wie ein Löwe und hatte immer wieder neue Hoffnung. Ich suchte eine Hypnose-Therapeutin auf, bestimmt 20 Stunden, ohne bahnbrechenden Durchbruch bei mir.

Naja, einen gewissen Erfolg bringt wohl jede Therapie, das zweifelsfrei, aber die Angstsymptome wurden nicht weniger. Wir erarbeiteten, dass ein übergroßer Kritiker in mir herumspukt, ein Kritiker, der ständig verbessert und nörgelt, aber selten lobt. Man kann seinen Kritiker nicht zum Verstummen bringen, man kann ihn nicht loswerden, er ist immer da. Man kann aber versuchen, sich mit ihm zu arrangieren, nicht zu sehr auf ihn zu hören und ihm durch konstruktive, realistische, positive Gedanken die Stirn zu bieten. Seinen eigenen Befürworter wecken. Sich nicht zu sehr unter Druck setzen, sich nicht durch seinen (eigenen) Kritiker fertigmachen lassen. Sich auch einmal loben, sich danken, sich bei sich entschuldigen. Das Überich soll Ich werden. Hypnose war schon faszinierend, unter Hypnose sind 2 Stunden nichts, man ist quasi in einer anderen Welt ohne zu schlafen und ohne zu merken, wie die Zeit vergeht. Aber die Angst vor Menschen blieb; krass, unbarmherzig, omnipräsent, vernichtend.

8.1 Stationäre Therapie in Lengerich

Im Juli 2013, mit 37 Jahren, fing ich dann die stationäre Therapie in der LWL-Klinik Lengerich an. Meinem Arbeitgeber hatte ich reinen Wein eingeschenkt. Naja, fast, ich sagte, dass ich Depressionen hätte. Depressionen sind durch ihre weite Verbreitung und eine gute Aufklärung salonfähig geworden. Angsterkrankungen haftet leider (unberechtigterweise) immer noch ein wenig der „Beklopptenstatus" an. Für meine soziale Phobie habe ich mich geschämt.

Ich dachte auf der Arbeit schmeißen die mich früher oder später wegen der langen Krankmeldung raus, haben die aber nicht. Sie sagten, ich solle mir Zeit lassen. Wenn es mir besser ginge, dann sollte ich wieder kommen. Mir fiel ein Stein vom Herzen.

Zwei Monate blieb ich in Lengerich. Vom ersten Tag an setzte ich das Lorazepam ab. Hatte ich doch mehrere Monate jeden Tag ca. drei bis vier Milligramm genommen, so hatte ich etwas Sorge vor einem eventuell auftretenden Entzug. Angeblich soll das bei Tavor zuweilen schrecklich sein. Brutale Krämpfe, Schweißattacken, Angstanfälle enormen Ausmaßes... Doch „jeder Jeck ist anders", ich hatte keinerlei Nebenwirkungen, nicht im Geringsten.

Lengerich war eine sehr gute, außerordentlich professionell geführte Klinik. Zweimal die Woche Gruppentherapie, zweimal die Woche Einzelgespräche. Viel, viel, viel Sport. Ergotherapie, soziales Kompetenztraining, Aromatherapie, verschiedene weitere Therapie-angebote, Ruhe, gutes Essen. Auch dort hatte ich die Möglichkeit einiges aufzuarbeiten. Die Genesung einer Krankheit ist nun einmal sehr harte Arbeit. Harte Arbeit und Beschäftigung an und mit sich selbst.

In Lengerich fühlte ich mich sofort wohl. Ich hatte dort einen sehr guten Therapeuten, ein gläubiger Mensch mit sehr viel Lebenserfahrung, sehr angenehm im Umgang. Ich schrieb in den Therapien ein halbes DIN A4-Notizbuch mit. Es ging dort weniger um Konfrontation oder darum, praktische Übungen zu machen. Gemäß der tiefenpsychologischen Logik war es das Ziel, nicht veröffentlichte Konflikte, Probleme, unter den Sand geratenen Psychoballast aufzuspüren und zu verarbeiten. Was heißt eigentlich dieses „Verarbeiten" fragte ich meinen Therapeuten. „Im Wesentlichen verstehen und begreifen, vielleicht sogar nachempfinden." Mein Hauptziel war es zu vergeben, meinem Vater zu verzeihen und zu verstehen. Niemand im Leben hatte mich fortwährend so gekränkt. Aber was bedeutet eigentlich „gekränkt sein"? Jemand wird unserem Willen und unseren Erwartungen nicht gerecht. Man wird vielleicht von jemandem gekränkt, weil dieser zu viele eigene Probleme hat oder einfach „emotional unachtsam" ist. Wer nicht vergibt, der belastet sich und Andere, und manchmal übersieht man den Balken im eigenen Auge.

Letztlich kennt man die Handlungsmotive des Anderen nicht. Manchmal handeln andere Menschen, weil sie einfach nicht anders können, völlig und gänzlich unabhängig von der eigenen Person.

Jeder Mensch beeinflusst die „Kränkung" dahingehend, dass er entscheidet „Der andere Mensch ist wichtig."

Der Wunsch nach einer Entschuldigung oder gar nach Vergeltung lässt uns in einer Opferrolle bleiben, hält uns klein und mickrig.

Man wird größer und kräftiger, wenn man sich sagt: „Ich mache mich unabhängig von der Entschuldigung des Anderen. Letztlich habe ich mich in Dir getäuscht. Du bist nicht der, von dem ich hoffte, dass Du es bist."

Dabei ist es völlig ok, dass Wut und Trauer spürbar sind. Auch wenn es „alte Gefühle" sind. Erspüren, Aufspüren. Noch einmal erleben, verstehen, verarbeiten. Es ist in Ordnung, dass Ihr Gefühle noch da seid, es braucht Zeit. Ich lernte, dass es ganz wichtig ist, Gefühle anzuerkennen. Ihr seid da, also seid ihr wichtig, und es ist gut! Bleibe im Gefühl, sperre Dich nicht dagegen. Spüre und erlebe Deine Emotionen. Diese sind es, welche Dich auszeichnen und einen Menschen aus Dir machen. Kämpfe nicht gegen Deine Gefühle, den Kampf kannst Du nicht gewinnen! Deine Gefühle machen einen Menschen aus Dir! Es sein lassen, fließen lassen, es ist gut...

Ich schrieb meinem Vater einen fiktiven Brief, den ich zerriss und in einen kleinen Bach warf. Ich glaube dieses Ritual habe ich vier oder fünf Mal absolviert, bis der Brief nicht mehr vor Vorwürfen nur so strotzte, danach ging es mir etwas besser.

Ich hatte dort auch einen klasse Bezugspfleger: Herrn Brornstern, ein liebenswerter Mensch mit etwas längeren grauen Jahren. Er sah ein bisschen aus wie ein Alt-Hippie, sehr sympathisch. Er hatte die schier unfassbare Gabe, einem den aktuellen Gefühlszustand an der Nasenspitze anzusehen und war unbeschreiblich kompetent. Mit ihm und dem dortigen Therapeuten erarbeiteten wir Gefühle wie Scham und Ohnmacht im Falle von Panikattacken heraus. Ich lernte wie mit dieser Scham und Ohnmacht umzugehen ist. Zu versuchen zu akzeptieren, sich diese Scham und Ohnmacht zu erlauben und, ganz wichtig, sich nicht selber zu verurteilen. Wenn man eh schon eine Angststörung hat und dann auch noch auf sich einprügelt, dann dauert es nicht lange bis zur Depression. Ich lernte etwas über das 4-Ohren-Modell (siehe Kapitel 2.2) und wie Minderwertigkeitsgefühle entstehen. Wenn man zwanghaft jemand sein möchte, der man nicht ist, einem Ziel hinterherrennt, welches man (im Augenblick) nicht erreichen kann, dann entsteht das Gefühl von Minderwertigkeit. Das kann man versuchen, z.B. durch extreme Geschäftigkeit oder durch „So-tun-als-ob" zu kaschieren, aber natürlich funktioniert das nicht. Die Bewährung im Nächstliegenden ist das Ziel. Was liegt mir „am Nächsten", wie kann ich mich optimal in etwas bewähren, was sind meine Stärken?

Wo kann ich mich einbringen, wie finde ich in meinem jetzigen Zustand eine Rolle in der Gesellschaft? Und wie kann ich mich stabilisieren?

Manchmal wurden Personen in den Gruppentherapien gefragt, was ihre Stärken seien, was sie besonders gut können. Vielen fiel nichts dazu ein. Das tat mir immer sehr leid, vielleicht waren sie zu bescheiden. Jeder Mensch hat Stärken, und es gibt keinen Grund diese nicht zu benennen.

Komplimente soll man annehmen und auf eigene Stärken darf man stolz sein. Aber all das, meine eigenen Stärken, zählte für mich nicht so viel, solange ich die permanente Begrenzung durch die soziale Phobie erlebte. Was nützen alle Stärken, wenn man diese in der Gesellschaft nicht ausleben kann, man sich bei jedem menschlichen Kontakt am liebsten in einem Mauseloch verkriechen will?

Ich lernte, dass Druck etwas ist, was letztlich hauptsächlich aus einem selbst heraus entsteht, von innen. Ich „muss" gar nichts, ich entscheide selbst, was ich meine zu müssen oder nicht. Ich bin frei zu entscheiden, niemand zwingt mich, ich bin auch kein Spielball von Anderen. Erst recht nicht von einer Meinung, die ich gar nicht kenne.

Der Therapeut arbeitete oft mit dem Ausdruck „sich etwas erlauben". „Erlauben Sie sich diese Angst zu haben" - leichter gesagt als getan, aber natürlich hatte er damit Recht. Wenn man sich etwas erlaubt, etwas akzeptiert, dann nimmt man es und sich ein Stück weit mehr an. Dann braucht man nicht permanent gegen Windmühlen anzukämpfen. Versuche die Krankheit anzunehmen, sie ist ein Teil von Dir, im Moment. Etwas annehmen oder akzeptieren heißt nicht, dass man etwas gut findet oder dass man vorhat ewig damit zu leben. Aber eine akzeptierende Einstellung lindert das Leid etwas und nimmt den Druck heraus. Man kann ja auch keine Wolken wegschieben, wenn sie die Sonne verdunkeln, man muss warten bis sie wegziehen und die Sonne dann wieder strahlend schön ins Gesicht scheint. Ich fühlte mich wie ein Kämpfer, der nie aufgibt. Aber ein guter Kämpfer kämpft nicht immer, er akzeptiert auch und wartet. Dennoch verliert er sein Ziel nicht aus den Augen. Wehrt sich die Eiche mit aller Kraft gegen den Sturm dann brechen die Äste, schwingt die Weide mit dem Sturm mit, so wird sie ihn überstehen.

Ein wichtiger Schritt in der Befreiung von der Phobie ist es sicherlich, das ganze Leid zu akzeptieren. Man sollte sich sagen: „Ok, die Angst ist jetzt massiv vorhanden. Ich akzeptiere das. Ich führe im Augenblick ein reduziertes Leben, im Augenblick ist es so." Das muss aber nicht so bleiben, und manchmal dauert es, bis Bewegung in die Sache kommt. Etwas zu akzeptieren, was einem das Leben unerträglich macht, ist sicherlich eine der größten und schwierigsten Herausforderungen.

Das Leben ist Umschwung und Wechsel, nichts im Leben ist so zuverlässig wie Veränderung. Vermutlich kann eine Veränderung erst dann eintreten, wenn man den ganzen Mist, das ganze Elend, erstmal akzeptiert. Wenn es doch für den Augenblick keine Alternative gibt. Kämpfen, gegen etwas, was (noch) zu stark in einem wohnt, ist sicherlich sinnlos. Der Frustfaktor einer Niederlage, die dann gesichert kommen muss, ist einfach zu groß. Man reißt sich selber den Boden unter den Füßen weg, dadurch, dass man immer wieder scheitert. Akzeptanz der sozialen Phobie kann zunächst zu einer gewissen Gelassenheit und Erleichterung führen. Durch Akzeptanz der Angst kann man vielleicht in einen Zustand der Bewegung und Veränderung gelangen.

In Lengerich tummelte sich ein breites Spektrum an psychischen Krankheiten. Depressionen, Angsterkrankungen, Zwänge - jedes Krankheitsbild einzigartig und ganz unterschiedlich. Als Zimmergenossen hatte ich ein ganz armes Schwein. Ein Typ, dreißig Jahre alt, der mit Vorliebe mit seinem ferngesteuerten Auto spielte. Zudem hatte er eine massive Angst nach draußen zu gehen, er konnte Gebäude nicht verlassen, weil ihm dadurch immer schwindelig wurde und er sich übergeben musste. Den ganzen Tag saß er in der Bude oder spielte auf dem Flur mit seinem Auto. Er hatte eine CD mitgebracht, irgendein Album von Iggy Pop, das hörte er rauf und runter. Er erzählte auch davon, dass er in einer entsprechenden Coverband spielte. Das glaubte ich ihm nicht so ganz, schließlich verließ er ja nie seine eigenen vier Wände. Wenn wir Ergotherapie hatten und alle dunkle Bäume und gespenstische Naturlandschaften pinselten, dann malte er jedes Mal den Schriftzug von Iggy Pop, am Ende hatte er vier oder fünf Bilder davon. Er war ein netter Mensch, der mir sehr leid tat. Ich hoffe für ihn, dass es ihm heute besser geht.

Es ist teilweise erschütternd, was für menschliche Einzelschicksale sich in den Kliniken tummeln. Die Borderlinepatienten, welche sich die Arme aufritzen und oft nur schwarz-weiß sehen. Depressive, welche schon mehrfach in unterschiedlichen Kliniken waren - ohne Besserung. Menschen, die erwerbsunfähig waren aufgrund ihrer psychischen Belastungen, teilweise schon jahrelang. Das Leben ist weder fair noch gerecht, das ist nichts Neues. Chancen sind ungleich verteilt und manchmal kommen Menschen fast ohne jede Chance zur Welt. Genetisch benachteiligt und miserabel gefördert. Dazu kommt, dass es uns in Mitteleuropa ja noch vergleichsweise gut geht. Ein einigermaßen intaktes Kranken- und Sozialsystem. Man wird letztlich, wenn man noch einigermaßen im Kopf funktioniert, aufgefangen. Man fällt nicht immer butterweich, aber es gibt ein Netz unter uns, welches uns hält. Schaut man über den europäischen Tellerrand, dann sieht das schon ganz anders aus. Unvorstellbar, was Menschen in bestimmten Ländern teilweise erleiden und ertragen müssen, oft ohne Chance auf Hilfe und Zukunft.

In Bezug auf die soziale Phobie hilft jammern nicht, hilft niemanden. Jeder hat die Aufgabe, das Beste aus seinen Mitteln zu machen, sich aufzugeben gilt nicht - auch wenn es manchmal nahe liegt. Was einige Menschen erleiden müssen, muss schier unerträglich sein. Es gehört Größe, Kraft und Mut dazu, vieles durchzustehen. Aber leider gibt es dafür nichts, dafür kann man sich wenig kaufen, außer vielleicht die Hoffnung, dass es irgendwann einmal besser wird.

8.2 Quälend lange auf der Suche

Nach acht Wochen Lengerich verließ ich die Klinik, ich hatte ein gutes Gefühl, war ich doch im Umgang mit Menschen schon viel sicherer geworden. Doch Pustekuchen, zurück auf der Arbeit war alles wieder so wie zuvor. Nach zwei Wochen nahm ich wieder Lorazepam, was ich die gesamte Zeit in der Klinik nicht genommen hatte – Fuck! Und jetzt nahm das Elend an Fahrt auf. Ich war acht Wochen in einer Klinik, ohne dass sich etwas besonders gebessert hatte. Was sollte mir denn jetzt noch helfen, verdammt noch mal? In Lengerich wurde gute Arbeit geleistet, das steht außer Frage, aber das Therapiekonzept schlug bei mir einfach nicht so recht an. Ich versuchte mich also auf der Arbeit weiterhin mit Lorazepam durchzuwurschteln, damit die Ratenzahlung funktionierte. Das verdammte Haus, verfluchte Verantwortung.

Ich gründete bei uns im Dorf eine Selbsthilfegruppe, welche ich in der Zeitung bewarb. Ich war überrascht über den Zulauf. Einmal die Woche trafen wir uns in unserem Wintergarten. Bei einem prasselnden Feuer im Kamin und Tee und Keksen erzählten sich Depressive und Angstpatienten ihre Probleme. Eigentlich war es ganz nett, es war harmonisch und ein geschützter Raum. Bis eines Tages Guido in die Gruppe kam, eine fürchterliche Quasselstrippe, der es schon mal schaffte 80 % der Zeit herumzulabern. Einige Leute blieben dann irgendwann weg, weil sie meinten, es mache keinen Sinn, wenn der Typ da ist. Wir sprachen das in der Gruppe auch einmal an, allgemein und neutral, um ihn nicht zu verletzen. Für zwei Wochen war es gut, dann quatschte und quatschte er sein dummes Zeug weiter in die Runde hinein. Er war nicht nur selten dämlich sondern auch sehr dominant. Es war einfach schwer dazwischen zu kommen. Selbst wenn mal jemand sagte: „Stop, jetzt auch mal die Anderen!", dann hielt das nur für fünf oder zehn Minuten. Ich hätte ihm manchmal am liebsten einen Korken in sein dämliches Maul gesteckt und rausgeworfen. Hätte ich zum Wohle der Gruppe wohl tun sollen. Irgendwann waren wir nur noch zu dritt und Guido schaffte es tatsächlich, zwei Stunden von vorne bis hinten zu faseln und rumzusabbeln. In meinen Augen nichts, was irgendwie mit der Depressions- und Angstkiste zu tun hatte, einfach nur irgendein dummes Zeugs, was in der Gruppe fehl am Platze war. Da eh kaum noch jemand kam und Guido seine Monologe permanent fortführte löste ich die Gruppe einfach auf. Ich war froh, diesen Stress nicht mehr an der Backe zu haben. Das war Stress pur und dafür ist eine Selbsthilfegruppe ja nun wirklich nicht gedacht.

Akzeptanz der Angst hin oder her, offensichtlich war ich noch nicht so weit. Ich trank wieder viel Alkohol und rutschte tiefer und tiefer in eine Depression rein. Ich versuchte weitere Medikamente in der üblichen Weise. Langsame Steigerung auf die Höchstdosis, und dann eine Einnahme über mehrere Monate: Lyrica, Mirtazapin, Fluoxetin, Moclobemid. So langsam hatte ich die gängigen Mittel und auch die weniger gängigen durch. Der Mist wollte bei mir nicht wirken. Meine Neurologin erzählte, dass bei etwa 20 % der Menschen Antidepressiva und Neuroleptika nicht helfen. Ich wurde trauriger und trauriger. Hatte ich früher relativ wenig Verständnis für Menschen, welchen den Kampf und Einsatz gegen die soziale Phobie aufgegeben hatten und sich dahinvegetierend ihrem Schicksal ergaben, so fing ich Schritt für Schritt an, selber solch ein Wesen zu werden. Eigentlich kein richtiger Mensch mehr in einem eigentlich nicht mehr ernstzunehmenden Leben. Nur noch ein Körper und ein Geist, der von Monat zu Monat immer eingeschränkter wird, der immer mehr verliert und nackt und schutzlos in der Kälte steht und zittert. Bloß keine Menschen! Verschwindet, ich habe Angst, Angst vor Euch, Euren Blicken und Bewertungen (die ich gar nicht kenne). Ich entfernte mich immer mehr von mir selber, das war nicht mehr ich. Also eigentlich war es natürlich „Ich", aber nicht mehr das Ich welches ich noch lebenswert fand. Meine liebe Frau versuchte mich aufzufangen, doch das ganze zerrte natürlich auch massiv an ihren Kräften. Ich hätte es sofort verstanden, wenn sie irgendwann gesagt hätte: „Ich kann und will das nicht mehr. Ich möchte die Scheidung." Ich hätte ihr keinen Vorwurf draus gemacht. Ich konnte und wollte ja selber nicht mehr und hätte mich auch gerne von mir selber scheiden lassen. Manchmal hatte ich das Gefühl, meine liebe, treue Frau glaubte mehr an mich, als ich es selber tat.

Ich begann heftige psychosomatische Reaktionen zu zeigen. Ich übergab mich beinahe täglich, vor lauter Angst, unter Menschen gehen zu müssen, futterte Tavor wie Smarties, das einzige Medikament was mir vordergründig half. Ich weinte oft, mehrfach die Woche, ich war so fürchterlich verzweifelt, so am Boden. Ich soff weiterhin jede Menge Alkohol, doch nicht mehr so viel wie früher. Der Scheiß half ja auch nicht richtig, sondern machte das ganze eher schlimmer. Ich meditierte über mehrere Monate täglich für eine halbe Stunde. Ich versuchte es mit der progressiven Muskelentspannung nach Jacobson, um in den besonders angsterfüllten Situationen ein Werkzeug zur Hand zu haben. Ich betete, sang Mantras in der Hoffnung dass mir das helfen könnte - auch nichts. Ich änderte massiv meine Ernährung nachdem ich gelesen hatte, dass man damit Depressionen abschwächen könnte (z.B. Biotische Drinks, extrem lithiumhaltiges Mineralwasser, Nahrungsmittel mit Omega-3-Fettsäuren), so richtig bahnbrechend war auch das nicht. Ich testete homöopathische Globuli (Beryllium nitricum C200, Argentum nitricum D30), las Unmengen an Ratgebern. Ich versuchte es mit ayurvedischer Heilkunde und der Ashwagandha-Pflanze sowie Brahmi-Pulver. Ich begann eine Klangschalentherapie, sehr entspannend, aber mehr auch nicht. Ähnlich auch die angstlösenden Affirmationsaufnahmen. Sehr schön, aber kein Durchbruch. Ich kaufte mir Oxytocin-Nasenspray, keine Wirkung bei mir. Ich versuchte es mit einer Art legalem Opiat: Kratom. Das soll bei sozialer Phobie sehr gut helfen, macht aber auch abhängig. Ich nahm das Zeug als Tee ein, musste mich übergeben und verzichtete fortan darauf. Befreiung von der sozialen Phobie durch Drogen ist eh ein Haufen Mist. Da holt man sich nur das nächste Problem ins Haus. Der Versuch zeigt aber welchen immensen Leidensdruck die Phobie erzeugt.

Fürchterlich war die nächtelange Grübelei. Wo ist der Schalter, den ich umlegen kann? Was habe ich noch nicht versucht? Arbeite ich zu wenig an mir? Was kann mir helfen? Wo sind unbearbeitete Ursachen?

Diese ewig wiederkehrende Grübelei führte zu nichts, sie hatte einfach keinen Effekt, außer, dass ich mich in einer Endlosschleife wieder und wieder mit dem Problem konfrontierte und mir das Hirn zermarterte. Mein Gehirn am Marterpfahl, in sengend heißer Sonne.

Ich suchte mir eine ambulante Verhaltenstherapie. Erneut hatte ich wieder eine sehr gute Therapeutin, mittleren Alters, sympathisch, unglaublich viel Power, jede Menge Sachverstand und Erfahrung. Mit ihr arbeitete ich weiter den Vaterkomplex auf, auch die Mobbinggeschichte. Was mir dabei half war die sogenannte „Klopftherapie". Ich belächelte das anfangs. „Was für ein Hippiezeugs" dachte ich zuerst. Als ich aber einige Sitzungen damit durch hatte lächelte ich nicht mehr darüber. Die Klopftherapie (siehe dazu Bohne (2011) im Anhang) linderte meine Ängste tatsächlich ein wenig. Immerhin, das war das erste partiell wirkende Mittel, was wirklich mal einen schnellen Teilerfolg brachte. Das funktioniert derart, dass man bestimmte Meridianpunkte an seinem Körper beklopft, in einer bestimmten Reihenfolge, und sich dabei die Situationen vorstellt vor denen man Angst hat. Nach einigen Runden „Klopfen" war die Angst tatsächlich geringer geworden, sie löste sich zum Teil auf (um sich allerdings später wieder aufzubauen). Ich war froh über diese Technik und setze sie immer mal wieder ein. Auch half es mir in einem hohen Maße, die Vatergeschichte besser zu verarbeiten und hinter mir zu lassen. Danke, dass es so etwas gibt.

Die Therapeutin sagte mir, ich hätte zu Hause eine traumatische Beziehungserfahrung gemacht. Ich könne sie nun hinter mir lassen, denn ich sei erwachsen und meine eigene Haltung und Einstellung zählt. Ich bin nicht mehr abhängig, mein Vater kann mir nicht mehr schaden und ich brauche die ständige Kritik, das Aushöhlen meines Selbstbewusstseins nicht mehr an mich heranzulassen. Ich lernte, dass diese Geschichten einfach vorbei sind, dass ich keinen Grund mehr habe, daran zu leiden und mich klein zu machen. Ich bin erwachsen, ich brauche niemanden mehr, den ich beeindrucken möchte. Ich bin unabhängig von Anderen.

Meine Therapeutin empfahl mir, mich in einer Klinik in Bad Bramstedt anzumelden. Dort gäbe es auch für Kassenpatienten die Möglichkeit, eine stationäre Verhaltenstherapie durchzuführen. Ich ließ mich dort also registrieren, Wartezeit vier bis fünf Monate. Ich hoffte aber, es noch irgendwie anders zu schaffen, wusste ich doch dass mein Job dann weg wäre, was für eine gefühlte Niederlage!

Ich lernte auch, dass mich der starke „innere Kritiker" verarscht. „Immer" bist Du angespannt, „Nie" wirst Du angstfrei leben. Die Nörgelei, das Draufschlagen des inneren Kritikers basiert in der Regel nicht auf Tatsachen. Es ist eine Projektion von Vergangenem. Manchmal wird der Kritiker auch der „innere Richter" genannt, aber gerichtet werden muss aufgrund von Fakten. Eine permanent verallgemeinernde Kritik basiert nicht auf der Realität, vielleicht auf alten Mustern. Sie hat keine Berechtigung mehr für das Hier und Jetzt. Es gibt kein „Nie" und kein „Immer". Die Angst ist ein altes Gefühl. Ein Gefühl aus alten Zeiten, aus den Zeiten, in denen ich gemobbt wurde und Außenseiter war. Aus den Zeiten, in denen mich mein Vater quälte. Ich bin gewachsen, mein kleines Ich ist groß geworden. Ich bin nicht mehr der, der ich mal war. Und Dir, Kritiker, lasse ich jetzt ganz langsam die Luft raus. Wie schön es ist, wie Du immer kleiner und schrumpeliger wirst und langsam in Dich zusammenfällst. Ich brauche Dich nicht mehr ernst zu nehmen, Du kannst mir nicht mehr schaden, denn ich bestimme selber, wo es langgeht.

Dennoch gelang es mir nicht wirklich, das Tavor zu reduzieren, die Angstzustände im Beisein von Menschen waren einfach zu stark. Somit war es ein Teufelskreislauf. Dadurch war es mir nicht mehr möglich, reale Erfahrungen zu machen und „zu erleben", dass es auch ohne Hilfsmittel ging. Eine Konfrontation „auf Tavor" ist sinnlos. Reduzierte ich das Zeugs, dann waren die Ängste so krass, dass ich mir eine Konfrontation schlichtweg nicht zutraute. Shit!

Zumindest Sport half mir. Es gibt genügend Studien, welche besagen, dass regelmäßiger Ausdauersport eine ähnliche Wirkung wie Antidepressiva hat. Da die blöden Pillen eh nicht sonderlich wirkten blieb Sport eine hoffnungsvolle Alternative. Zwei, dreimal die Woche lief ich mal eine halbe Stunde, mal auch zwei Stunden. Und Sport half mir tatsächlich. Wenn ich den „Kick" bekam, dann war die Angst weg, oft sogar noch ein bis zwei Stunden nach dem Laufen. Klopftherapie und Sport sind immerhin zwei „Techniken", die quasi „drogenfrei" wirken. Überhaupt war ich froh, irgendetwas gefunden zu haben, was das Leid ein wenig milderte.

Trotz allem quälte ich mich durch den Alltag. Ich war abends ständig am Heulen, kreuzunglücklich und dachte ein halbes Jahr nach Lengerich fast täglich daran, an welchem Baum ich meinem Leben ein Ende machen könnte. Ich wollte leben, ich wollte ein Teil des Lebens und der Gesellschaft sein. Ich hatte ja kennengelernt, wie schön das Leben sein kann. Aber so wollte ich auf keinen Fall weitermachen. Ich stellte mir vor, wie ich mein Leben abschließen könnte. Aber ich wusste, es sollte und musste in der Vorstellung bleiben. Ich hatte eine großartige Frau, die ich liebte und die mich liebte. Meine Frau war immer für mich da, zuverlässig und liebenswert. Einen Selbstmord wollte ich ihr auf keinen Fall antun, zumal sie dann auf den Hausschulden sitzen bleiben würde. So einfach wollte ich es mir nicht machen. Aber so, in der jetzigen Form weiterleben? Unmöglich! Wofür? Das ist doch kein Leben, das ist ein großer Haufen Scheiße. Die dummen Medikamente halfen nicht. Das Elend und die Schwärze umspannten mich immer mehr, waren immer da, lullten mich ein.

Vermutlich geht es bei der sozialen Phobie oft auch darum, nicht nur „schwarz" oder „weiß" zu sehen. Hatte ich eine Panikattacke oder wieder einmal große Angst, weil ich mich nicht traute durch die Stadt zu gehen (ich könnte dort ja Bekannte treffen) oder an einem Tisch mit anderen Menschen zu sitzen, dann sah ich alles nur „tiefschwarz". Das wird nie etwas, ich schaffe das nicht. Nicht immer gelang es mir die entsprechende Bewertung auszutauschen. Was ich aber dann übersah: Ich habe mich immerhin in die Situationen hineingewagt, ich habe mich getraut, so lange es ging. Auch das ist ein Erfolg. Zwar hatte ich manchmal richtiggehend einen verspannten Nacken und war ausgetrocknet wie eine Dörrpflaume, aber auch für die „kleinen" Schritte soll man sich loben, sich auf die Schulter klopfen und sich belohnen. Für einen Angstpatienten ist ein „kleiner" Schritt oft unfassbar groß.

Ich hatte Existenzangst, Angst das Haus zu verlieren, Angst meine Frau zu verlieren. Angst so langsam aber sicher wirklich alles zu verlieren und irgendwo einsam und allein zu sterben. Gerne hätte ich mir selber endlich ein Ende gesetzt, mit dem Scheiß Schluss machen. Es war mir ganz persönlich mittlerweile völlig und absolut egal. Aber wie gesagt, das wollte ich meiner Frau nicht antun, sie wäre mit 30 Jahren Witwe. Auf keinen Fall, indiskutabel!

Dann im September 2014 war das Fass übervoll, nichts brachte irgendetwas. Sport und Klopftherapie linderten zwar ein wenig, doch das reichte nicht mehr. Alles empfand ich nur noch als Qual, Trauer, Depression, Angst, Verkrampfung, Stress. Lachen kaum noch möglich. Ich wusste, ich bürdete meiner Frau extrem viel auf. Ich wusste, sie leidet ebenfalls massiv unter der Situation. Das tat mir doppelt leid. Wenn ich an etwas zu Grunde gehe, dann ist das eine Sache, wenn ich meine Partnerin mit reinziehe eine andere. Manchmal wünschte ich mir sogar, ich hätte diesen wunderbaren Menschen nie kennengelernt oder sie würde mich von sich aus verlassen - dann hätte ich endlich freie Bahn für den Suizid. Die Klinik in Bad Bramstedt rief bei mir an. Sie wollten mich nur aufnehmen, wenn ich nachweisen könnte, dass ich einen Tavor-Entzug geschafft hätte, ich konnte und wollte nicht mehr. Fast zwei Jahre hatte ich jetzt so ziemlich alles versucht. Nichts wirkte derart, dass ich es als akzeptabel bezeichnen konnte. Adäquate Hilfe zu bekommen stellte sich oft als schwierig heraus, ein ständiger Kampf - gerne auch mit der bundesdeutschen Bürokratie.

Ich frage mich, wie sollen das Menschen mit einer schweren Depression hinbekommen? Für Menschen ohne Antrieb und mit wenig Energie ist dieser Weg fast aussichtslos. Eine Lücke im Krankensystem. Bevor ich mich am nächsten Baum aufknüpfte wies ich mich freiwillig ein, in die Psychiatrie des AMEOS Klinikums Osnabrück.

Dritter stationärer Aufenthalt: Ganz große Klasse, aber was soll's? Es ist wie es ist. Wenn man krank ist, dann ist man krank und verdient Hilfe, irgendwie.

8.3 Stationär in Osnabrück

Eine Psychiatrie ist schon etwas anderes als eine psychosomatische Klinik. Das Therapiekonzept ist nicht so weitreichend, es ist „niederschwellig". Zudem trifft man jede Menge „harte" Fälle. Menschen, die gerade einen Suizidversuch hinter sich hatten. Menschen, die nichts, aber wirklich nichts mehr im Leben haben. Menschen, die eine „ordentliche Beschäftigung" nur durch „betreutes Arbeiten" schaffen. Ich war ganz unten angekommen. Als komplettes Wrack lieferte ich mich selber im Warteraum des AMEOS Klinikums ab. Drei

Stunden Wartezeit, dann landete ich in der halboffenen Psychiatrie. Halboffen bedeutete: Von 20.00 bis 7.00 Uhr konnte man die Station nicht verlassen. Noch nicht einmal zu den Fenstern hätte ich heraus gekonnt. Ich berichtete von meiner sozialen Phobie, von den heftigen Suizid-Gedanken und dem kräftezehrenden, fast schon freudlosen Leben, welches nur noch durch Lorazepam (Tavor) aufrecht gehalten wurde.

Ich war erstaunt, als mir erzählt wurde, dass im Laufe eines Jahres eine ganze Menge Menschen in die Klinik kommen, um solch einen Medikamentenentzug durchzuführen. Mir wurde gesagt: „Machen Sie sich keine Sorgen, das kriegen wir schon hin." Das hoffte ich. Ehrlich gesagt ging ich lediglich von einer Dauer von zwei Wochen aus. So schlimm würde der Entzug schon nicht werden - was für eine grandiose Fehleinschätzung.

Die erste Woche war noch ganz annehmbar. Ich wurde langsam herunterdosiert und bekam zusätzlich Medikationen gegen mögliche auftretende Krampfanfälle. Diese sind in der Regel eine Nebenwirkung eines solchen Entzugs und können lebensbedrohliche Auswirkungen haben. Es ist also dringendst (!!) davon abzuraten, einen Lorazepam-Entzug alleine zu Hause durchzuführen.

Ein Therapeutengespräch hatte ich in der Woche und ab und an Ergotherapie, ein paar Bilder malen. Die Therapeutin - noch ganz jung - war sehr nett und tat alles, um wieder einen Funken Stabilität in meine Seele zu bringen. Dafür dass sie scheinbar „frisch von der Uni" kam hatte sie eine ganze Menge auf dem Kasten. Auch der Bezugspfleger, Herr Hollen, war ein Ass in seinem Bereich. Ein Mensch mit viel Einfühlungsvermögen, der zudem den Patienten wirklich helfen wollte und sie nicht nur als bloße Ziffer im System betrachtete. Ich habe oft Glück mit meinen Therapeuten und Pflegern. Ich ging viel spazieren oder plauderte mit meinen Mitpatienten. Das ging noch, denn ich erhielt ja noch eine reduzierte Menge Lorazepam. Ab Tag Nummer 11 erwischte mich dann die Krähe im Sturzflug. Der Körper schrie nach dem Medikament. Die Rezeptoren glaubten, es würde ihnen weiter zugeführt werden. Doch da kam nichts, beziehungsweise nur noch eine ganz kleine Menge von 0,5 Milligramm pro Tag. „Alarmstufe Rot", Gewitter, Sturm, Raketen, Maschinengewehrsalven in meinem Kopf. Ein kopfähnliches Ding, das von oben bis unten durchgeschüttelt wurde. Ein Tornado, Erdbeben, Tsunami, glühende Kohlen zwischen Stirn und Amygdala. Die Hölle auf meinen Schultern, die Welt ist tot, wer bin ich noch? Ein Abklatsch eines Menschen. Ein Nichts in einem zugigen, nassen und kalten Erdloch. Bomben fallen, Volltreffer! In strömendem Regen und stinkendem Matsch. Zwischen Tag 11 und Tag 31 ging ich durch die Hölle. Schlaflosigkeit, Albträume, fürchterliche Depressionen, Kraftlosigkeit und abgrundtiefe, brutale Angst. Schlief ich, dann hatte ich Albträume, wachte ich auf, dann hatte ich eine massive Angst - kurz vorm Kotzen. Es dauerte manchmal Stunden, bis ich einigermaßen ruhig wurde und mich aus meinem Zimmer traute. Man spricht von einem sogenannten „Rebound"-Effekt. Die Angst kommt stärker zu Tage, als jemals zuvor. Ein Jahr lang hatte ich nun Lorazepam genommen, an ganz schlimmen Tagen 4-5 Milligramm. Das Zeug lagert sich irgendwann in den Fettzellen ab, deswegen dauert ein Entzug auch so fürchterlich lange und die Nebenwirkungen kommen in Schüben. Ging ich nur den Flur entlang, die Wahrscheinlichkeit bestand, dass ich jemanden treffe, bekam ich panikartige Zustände. Ich stand permanent kurz vorm Heulen, hatte eine fürchterliche Sorge, dass es immer so bleiben würde. Ich war völlig panisch und apathisch zugleich, ja existierte kaum noch. Hiiiillllfffffeeeeee! Ich erhielt zudem Atosil, ein Beruhigungsmittel, welches mich teilweise wie ein Geist über die Gänge schlurfen ließ, ein Roboter im Schlafanzug. Ich wunderte mich zu Anfang immer, wieso die Menschen in der Psychiatrie so neben sich stehen, so langsam sind. Nun war ich ein Teil von ihnen, langsam, apathisch, freudlos, verzweifelt. Ich fühlte mich teilweise völlig „plemmplemm". Eigentlich bin ich Nichtraucher, in der Psychiatrie rauchte ich an harten Tagen eine ganze Schachtel. Oft saß ich ab 2.00 Uhr morgens im Raucherraum und unterhielt mich mit einem Leidensgenossen, Günther, ein offen bekennender Ex-Alki, der wegen schwerer Depressionen in der Klinik war.

Die Bekanntschaft mit Günther gehörte zu den wenigen angenehmen Momenten in dieser Zeit, von den Besuchen meiner Frau und unserem Hund „Wutz" einmal abgesehen. Günther hatte schon einiges im Leben mitgemacht, hatte wirklich harte Zeiten erlebt. Zudem hatte er einen leichten Sprachfehler, manchmal stotterte er ein wenig. Aber ich war beeindruckt, wie er sich durch das Leben hindurch manövrierte. Oft gingen wir spazieren oder redeten nachts, wenn uns unsere Gedanken quälten, stundenlang. Wenn ich neben ihm saß oder ging, und ich nicht angeschaut wurde, dann konnte ich das ertragen, dann konnte ich reden. Saß ich im Speisesaal jemandem gegenüber, so setzte ich mich so unter Druck, dass ich richtiggehend verkrampfte. Meine Miene wurde dann irgendwann „steinern", ich hatte keinerlei Gewalt mehr über meine Gesichtszüge. Manchmal taten mir die Schultern weh, so sehr zog ich sie nach oben. Mit Günther konnte ich reden und so sein wie ich war, ohne „wenn und aber". Er verstand vieles, weil er selbst ähnliches erlebt hatte. Zudem war er intelligent und sympathisch. Ich brauchte mich nicht zu verstecken, weil auch er mit offenen Karten spielte. Das was er an Leidensdruck erlebt hatte würde locker für einige Hollywood-

Verfilmungen ausreichen. Trotzdem warf er nicht hin, er machte weiter und gab sich nicht geschlagen. Zudem fand ich es beeindruckend, wieviel er im Leben schon geschafft hatte, insbesondere was er zu akzeptieren gelernt hatte. Das fand ich stark.

Er sagte: „Normal ist, dass ich stottere. Dieser Gedanke hat mir geholfen, meine Defizite zu akzeptieren. Heute macht mir das nichts mehr aus."

Ich dachte mir: Ok, normal ist, dass ich Angst habe. Das ist ein Teil von mir, das gehört zu meiner Persönlichkeit.

Ich gab mir Mühe, nicht mehr so viel mit dem Kopf zu arbeiten sondern mehr mit dem Bauch: Zu fühlen, dass es ok ist, wie ich bin. Zu spüren, dass es gut ist, was ich kann. Trotz der Angst. Manchmal gelang es mir sogar, oft aber noch nicht. Bedingungslose, radikale Selbstakzeptanz. Normal ist, dass ich Angst habe. Alles andere ist ein Bonus. Wo die Angst ist, ist der Weg.

Insgesamt war ich fünf Wochen in der Klinik bis ich stabil genug war, überhaupt in einen Zug zu steigen und nach Hause zu fahren. Und ich wusste: Die Entzugssymptome und die verstärkte Angst würden noch mehrere Wochen so weitergehen, zumindest mit großer Wahrschein-lichkeit. Es gibt Tavor-Entwöhnungen, welche sich über ein halbes Jahr oder länger strecken, bei einigen Menschen wiederum dauert es nur einige Wochen. Sicher ist: Das Elend geht vorbei, auch wenn man es manchmal selber nicht mehr glaubt.

Ein Kumpel, der in der Vergangenheit sehr viel mit Drogen zu tun hatte, erzählte mir, dass ein Heroin-Entzug nichts gegen eine Tavor-Entwöhnung sei. Dieses hätten damals mehrere Heroin-Tavor-Abhängige erzählt. Ein Tavor-Entzug gehört zu den härtesten Suchtbefreiungen überhaupt.

Insgesamt dauerte der Entzug, mit „Flash-Backs" und Rebound-Effekten wohl ca. zwei Monate, puh, ein Meilenstein. Wer das geschafft hat, den kann eigentlich kaum noch etwas schrecken. Wer das geschafft hat, der verdient ein Denkmal aus purem Gold. Das Denkmal setzt einem nur leider keiner.

Ich habe es geschafft, das größte, massivste Leidenstal zu durchschreiten, welches ich jemals erlebt habe. Ich habe dem Teufel ins Gesicht geschaut und mich dann abgewandt. Der Entzug war überstanden und zudem hatte ich fünf Wochen lang keinen Tropfen Bier angerührt. Außerdem war ich nun 8 Kilo leichter, ich konnte einfach in der Zeit kaum etwas essen. Ich war nun auf ein Medikament eingestellt (Paroxetin), welches die Depressionen sehr stark linderte und auch die soziale Phobie etwas abschwächte. Thank god, nach zwei Jahren auf der Suche schlug nun endlich ein modernes Antidepressivum an. Was für eine Erleichterung, damit hatte ich nicht mehr gerechnet. Danke an wen auch immer, dass diese fürchterlichen Entzugserscheinungen aufgehört haben, niemals wieder Tavor!

Einige Fortschritte in Bezug auf die soziale Phobie hatte ich auch geschafft: Ich habe wieder und wieder an einem Tisch gesessen und mit Mitpatienten Gesellschaftsspiele gespielt, trotz vieler Angstanfälle und Panikattacken. Ich hasste dieses Gefühl, ständig angespannt zu sein und zu überlegen, wie ich nun wirke, wie mich die Anderen sehen. Ich fand es fürchterlich, weil es mich blockierte. Ich konnte kaum locker und spontan sein. Wie denn auch? Wenn ständig der Kopf regiert, dann bleiben Intuition und Spontaneität auf der Strecke, fürchterlich. Aber es gelang mir zeitweilig zu sagen: „Ok, die Angst und Anspannung sind nun eben da, ich nehme es an, denn es hilft mir nicht, wenn ich mich dagegen sperre. Ich bin ok wie ich bin. Die Situation ist harmlos. Es ist toll, dass ich mich trotz der Angst hier befinde. Wo die Angst ist, ist der Weg." Und einige Male hatte ich Augenblicke, in denen mich die Angst verließ. Einmal war ich mit Günther Döner essen und ich saß eine halbe Stunde mit ihm zusammen ohne jegliche Angst und Anspannung. Das war eine herausragende Erfahrung, ich war an dem Abend richtig glücklich. Ich wusste: Es ist noch ein weiter Weg, es wird viele Rückschritte geben, aber wo die Angst ist, ist der Weg. Anspannung? Ok! Angst? Ok! Ich bin ok und ich versuche es zu empfinden.

Ja, und noch etwas Herausragendes war geschehen: Ich hatte, als ich so massiv am Boden war, Kontakt zu meinem Vater aufgenommen. Erst ganz vorsichtig, über Emails, später dann auch telefonisch. Ich schrieb ihm sehr konstruktiv, benannte Dinge, die ich als positiv empfunden hatte, erzählte aber auch von den Dingen, unter denen ich leiden musste. Ich berichtete auch offen von meiner aktuellen Situation und dass ich glaubte, ein Schlüssel zur Lösung der Probleme läge in der Aufarbeitung der fucking Berliner Zeit. Er reagierte herausragend positiv, ich hatte das so nicht erwartet, ehrlich gesagt. Er entschuldigte sich per Mail und auch am Telefon dafür, dass er oft so jähzornig, cholerisch und schlecht gelaunt war. Er entschuldigte sich glaubhaft für vieles, unter dem ich lange Zeit so massiv gelitten hatte. Ich empfand diese Entschuldigung als sehr authentisch. Es war unglaublich erleichternd für mich, es brachen Dämme in mir. Jetzt konnte ich ganz langsam abschließen, einen Schlussstrich ziehen und vergeben. Eine Entschuldigung ist ein Zeichen von Größe und Charakter. Es erfordert Mut, ich habe großen Respekt davor. Eine Entschuldigung ermöglicht es, nicht ständig in die Vergangenheit schauen zu müssen. Sie ermöglicht ein „Lass es gut sein.

Es ist vorbei."-Denken. Ich habe mich darüber unsagbar gefreut und habe mich ebenfalls bei ihm entschuldigt. Schließlich hatte ich in Streitigkeiten auch oft übertrieben, hatte ihn unsachlich beschimpft und war nicht immer korrekt gewesen. Er erklärte mir auch, warum er sich verhalten hatte wie es eben der Fall war. Er wurde auf seiner Arbeitsstelle gemobbt, war großem Druck ausgesetzt - schließlich musste ja auch das gerade gebaute Haus abbezahlt werden. Er sagte mir auch, dass dieser Druck aber sein teilweise schlimmes Verhalten nicht entschuldigen könne. Ich konnte das annehmen, ich war bereit, das so zu akzeptieren. Das waren eine Erklärung und der Beginn eines Neuanfanges. Ich wusste nun, dass ich nicht schuld war. Ich hatte gar keine Fehler gemacht. Es lag nicht an mir, dass er sich mir gegenüber so verhalten hatte.

Er erzählte mir auch, dass er mich oft als sehr in mich gekehrt und autoaggressiv wahrgenommen hatte und dass er mich deswegen oft provozierte. Ich sollte meine Aggressionen nach außen richten. Auch um mich abzuhärten für das Leben. Das glaubte ich ihm nur zum Teil. Ich glaube, dass er sich dieses Modell zum Teil konstruiert hatte. Ich fühlte mich außerdem ein bisschen wie der Protagonist in einem Lied von Johnny Cash: „A Boy named Sue". Ein Junge, der von seinem Vater einen Frauennamen erhält, damit er abgehärtet durch das Leben geht. Darauf hätte ich gut und gerne verzichten können. Ich fühlte mich ein wenig wie ein Versuchskaninchen. Es hat dazu beigetragen, dass ich in meinem Kopf eine Kernschmelze erlebt habe, nukleare Strahlung zwischen den Synapsen. Für mich bedeutete dieses Verhalten, dass ich nicht respektiert werde und nicht gewollt bin. Ich bin nichts wert. Es konnte sich kein Urvertrauen entwickeln. Ich konnte nicht in mir selber ruhen, es gab kein tragfähiges Fundament in mir. Dennoch war ich froh, dass er mir seine Motive offenbarte. Immerhin gab er auch zu, dass sein Verhalten unglücklich war, eine euphemistische Umschreibung, aber ich wusste, wie es gemeint war.

Mit diesen Informationen konnte ich arbeiten. Ich danke meinem Vater, dass er durch seine Offenheit und seine Entschuldigung dazu beigetragen hat, dass nun endlich - mit Blick in die Vergangenheit - ganz langsam Frieden einkehren konnte. Die Suche nach dem „Warum hat er das getan?" hörte auf, ebenso der Groll und der Wunsch nach Gerechtigkeit. Das alles ging natürlich nicht von einem Tag auf den anderen. Ich musste viel darüber nachdenken, aber nach einigen Monaten spürte ich deutliche Veränderungen in meinem Denken ihm gegenüber, toll war das!

Es war nicht gut, wie die Geschichte mit meinem Vater gelaufen ist. Man kann andere Menschen auch nicht ändern, aber die Einstellungen zu ihnen ist änderbar, und das ist „die halbe Miete". Es ist vorbei, der Krieg ist zu Ende, jetzt wird aufgeräumt und aufgebaut. Die Möglichkeit eines Neuanfangs besteht, für jeden, immer. Nach vorne schauen!

Auch klopfte ich mir selber auf die Schultern: Die härteste Zeit meines Lebens und dennoch hatte ich massiv an Dingen gearbeitet und mich Konflikten gestellt. Auch das erfordert Größe und Stärke. Etliche Wochen wartete ich noch auf meinen Folgetherapieplatz in der Schön-Klinik Bad Bramstedt. Ich versuchte langsam und vorsichtig, mit kleinen Schritten, eine gewisse Normalität in den Alltag zu bringen. Ich schmiss, so gut ich konnte, den Haushalt. Traf mich einige Male mit Günther und dem „Piraten". Ich hatte wenige Kumpels, bei denen ich mich traute, mich auch mal ohne Alkohol zu zeigen. Das schaffte ich nur bei denen, die selber einen granatenmäßigen „Hau weg" hatten. Ich kassierte mittlerweile das monatliche Krankengeld von der Krankenkasse und musste mich natürlich finanziell dementsprechend einschränken. Ich lebte quasi auf „Abruf". Wann würde der Anruf der Klinik erfolgen? Ich schleppte mich von Krankmeldung zu Krankmeldung, lebte aber immerhin ganz ohne Tavor und mit reduziertem Alkoholkonsum. Auch das war schon ein Fortschritt und die massiven und fürchterlichen Entzugserscheinungen hatten aufgehört. Thank god.

Jeden Tag machte ich kleine Übungen. Mal mit dem Hund rausgehen, mal zur Post, wenn möglich auch mal einkaufen gehen. Ganz kleine Schritte. Ich fand das ernüchternd, merkte ich doch wie tief unten ich angekommen war. Aber von Woche zu Woche wurde es etwas besser. Und wenn man ganz unten ist, dann hat man mehr Platz, um Anlauf zu nehmen und wieder nach oben zu gelangen. Ich räumte zu Hause auf und begann, eine kleine Holzwerkstatt einzurichten. Mit Günther erstellte ich Insektennisthäuser und Vogelkästen. Es tat mir gut, eine kleine Beschäftigung zu haben. Das Gefühl zu bekommen, dass ich, auch wenn es minimal war, überhaupt etwas hinbekam. Ich erstellte Webseiten, programmierte etwas, um nicht aus der Übung zu kommen. Eigentlich war mein Tag mit Programm gut gefühlt, aber es war nichts, was Geld einbringt. Naja, auch das muss man akzeptieren. Wenn man krank ist, dann darf man sich das eingestehen, dass man nicht produktiv im Sinne der Marktwirtschaft ist. „Geduld haben" heißt die Parole. Geduld und die Hoffnung, dass die verdammte Krähe irgendwann einmal das Nest verlässt, welches sie sich in meinem Kopf gebaut hatte. Dich räuchere ich aus. Sieh zu, dass Du Land gewinnst!

8.4 Therapie in Bad Bramstedt

Und dann im Dezember war es so weit. Fünf Monate hatte ich gewartet. Endlich war ein Platz frei. Ich freute mich riesig. Meine Frau begleitete mich auf dem Weg. Jetzt würde es - so hoffte ich - endlich bergauf gehen. Ich hatte mir dieses verdient. Das Leid als psychisch Kranker ist gravierend, dennoch muss man sich dem alleine stellen. Niemand, der nicht selber die entsprechenden Symptome aufweist, kann dieses nachvollziehen.

Die Klinik in Bad Bramstedt gefiel mir außerordentlich gut. Eine echte Spezialklinik, gerade auch für Sozialphobiker, Depressive und z.B. auch „Borderliner". Die Patienten kamen aus allen Ecken Deutschlands. Tolles Essen, helle, geräumige Zimmer, viel Programm. Es gab dort viele Möglichkeiten, sich nebenbei zu beschäftigen: Sport, Basteln, Musik, Sauna. Das Personal war hervorragend ausgebildet, ich hatte das Gefühl, in einer Art „Premiumklinik" gelandet zu sein, eine „Betty-Ford-Klinik" für Kassenpatienten.

In Bad Bramstedt wurde auf meiner Station nach der dialektischen Verhaltenstherapie gearbeitet. Für den Patienten geht es darum, einen Weg zwischen dem Verstehen und Respektieren der Krankheit sowie einer entsprechenden Veränderung zu finden. Wesentlich dabei sind beispielsweise Strategien der Achtsamkeit und zwischenmenschliche Fertigkeiten. Auch der Umgang mit Gefühlen sowie Stress- und Selbsttoleranz sind wichtige Bestandteile der Therapie. Therapiert wurde wesentlich in Gruppen, einmal die Woche fand eine Einzeltherapie statt.

Meine Therapeutin war eine sehr angenehme Person. Das Alter schwer schätzbar, vielleicht Anfang dreißig. Blond, trug immer Röcke und war voller Energie, gut organisiert. Sympathisch, angenehme Ausstrahlung und sehr kompetent, erneut ein Glücksfall für eine Behandlung. Zudem merkte ich schnell, dass sie überdurchschnittlich viel über die Krankheit der sozialen Phobie wusste. Ich konnte sie als Therapeutin ernst nehmen, ja war zum Teil hochgradig beeindruckt.

Auf der Station waren wir 24 Patienten. Etwa 10 Personen litten an sozialen Angststörungen.

Mein Zimmernachbar in der Klinik war ein guter Typ: Larry, südeuropäisches Aussehen. Er hatte immer einen lockeren Spruch auf den Lippen, trotz seiner Explosion im Kopf. Er besaß eine Menge „Straßenschläue" und konnte das Leben aus ganz unterschiedlichen Perspektiven betrachten. Intelligent und trotzdem, zum damaligen Zeitpunkt, „Muhammed Ali"-mäßig ausgeknockt (wie er immer zu sagen pflegte). Er sagte immer: „Was verbrannt ist kann nicht verfaulen".

Meine Ziele für den Aufenthalt waren z.B. eine höhere Selbstakzeptanz der eigenen Krankheit und der eigenen Person zu erreichen. Außerdem wollte ich mein Vermeidungs- und Sicherheitsverhalten ablegen. Vermeidung (einfach nicht in Situationen hinein gehen) führt dazu, dass die eigene Angst stärker wird und sich nicht reduziert. Wie denn auch, wenn man keine positiven Erfahrungen machen kann? Sicherheitsverhalten (z.B. hochgeschlossene Pullover tragen, um rote „Nervositätsflecken" zu verstecken; einen Kaugummi kauen, um Spannungen im Gesicht abzubauen; an einem Gummiband herumfriemeln; sich an einem Glas festhalten gegen das eigene Zittern etc.) führt in der Regel ebenfalls dazu, dass sich die Angst nicht verringert. Im Gegenteil: Man wertet die angstbesetzte Situation dadurch auf, dass man sich sagt: „Ich schaffe das nur mit einem Kaugummi im Mund. Die Situation ist gefährlich." Das ist etwas ganz anderes als wenn man sich sagt: „Was soll schon passieren? Ich gehe in die Situation ohne

Stütze. Ich brauche das nicht. Es ist ungefährlich, ich vertraue mir." Die Änderung dieser Gedanken geht logischerweise nur, indem man das Sicherheitsverhalten aufgibt. Dass es dann für einige Zeit einen krassen Widerspruch zwischen Gefühl und Verstand gibt, liegt natürlich auf der Hand. Dieser Widerspruch macht es so schwierig, das eigene Sicherheitsverhalten abzustellen.

Grundsätzlich wurde mir beigebracht, dass es natürlich bei angstbesetzten Situationen auch darum geht, seine eigene Anspannung zu reduzieren. Dieses kann über sogenannte „Skills" geschehen. „Skills" können Dinge sein wie Kaugummis, scharfe Paprikastücke, Ammoniak zum Riechen, ein kleiner Ball zum Rumspielen. Einfach Dinge, die einen zurück in die Realität holen und einen dazu bringen, nicht immer nur an seine Anspannung und eine Bewertung des eigenen Verhaltens zu denken. Es geht um Ablenkung, um Beschäftigung, um sich nicht in der eigenen Angstspirale zu verlieren Gleichzeitig geht es darum aufzupassen, dass Skills nicht zu einem Sicherheitsverhalten werden. Ganz schön schwierig ist das.

Viele Sozialphobiker stellen sich die Frage: „Warum geht die Angst nicht weg? Ich stelle mich wieder und wieder der Situation. Jeden Tag von Neuem, aber allein durch Konfrontation passiert keine Besserung".
Der Grund kann in der Aufrechterhaltung eines Sicherheitsverhaltens liegen. Wenn man sich immer wieder eine Hintertür offen lässt, dann wird man nie die Erfahrung machen, dass es auch ohne dieses Verhalten geht. Man „erlebt" nicht, dass man nicht abhängig von einem Sicherheitsventil ist, sondern dass es von selbst, von innen geschehen kann. Ein Sicherheitsventil kann auch das Tragen einer „Maske" sein. Es ist leider notwendig, gänzlich „nackt" in eine Situation zu gehen.

Auch eine exzessive Selbstwahrnehmung kann der Aufrechterhaltung der Ängste dienen. Sich andauernd selbst „unter die Lupe zu nehmen" kann dazu führen, dass man Erfolge nicht wirklich wahrnimmt. Wenn man ständig seine eigenen Körpersymptome beobachtet und diese als Beleg dafür heranzieht, dass eine Situation „gefährlich" ist, dann reduziert sich die Angst nicht. Aber genau diese Gedankengänge sind nur das Resultat eines alten und „falschen" Denkmusters. Man gerät in einen geschlossenen Käfig, aus dem man nicht heraus gelangt. Die eigene Angst wird durch körperliche Reaktionen bestätigt, positive Reaktionen werden kaum wahrgenommen. Ich fühle die Angst, also komme ich auch so rüber - und das ist ein Trugschluss. Du fühlst die Angst - aber Du bist mehr als die Angst!

Es existiert in der Regel ein ganz massiver Widerspruch zwischen einer Selbst- und einer Fremdwahrnehmung. Es geht nun darum, von der Selbstwahrnehmung zur Außenwahrnehmung zu gelangen. Und sich zu sagen: Angst, Anspannung ihr seid da und ihr seid harmlos. Ihr seid ein Resultat des alten Denkens, ein Überbleibsel, ein altes Gefühl. Ihr beweist mir quasi, dass die Situation harmlos ist. Ich nehme Euch an, radikal, und ich bewerte dieses nicht.

Ich lernte, wie wichtig es ist, langsam einen Schritt nach dem anderen zu gehen. Nicht gleich drei Stufen auf der Treppe hochspringen und einen perfekten Vortrag vor anderen Menschen halten zu wollen, sondern vielleicht erst einmal ein kleines Gespräch führen. Vielleicht auch noch mit etwas Sicherheitsverhalten. Schafft man es „aus dem Stand" gleich bis in die Mitte der „Übungsleiter" zu springen, dann ist eventuell noch kein Fundament vorhanden. Man hält eine Situation zwar irgendwie aus, aber mehr auch nicht. Man läuft Gefahr, von der Leiter herunter zu purzeln. Kleine Schritte gehen und sich Zeit lassen.

Eine Situation einfach nur „auszuhalten" bringt leider nicht viel, dadurch geht die Angst nicht weg. Es ist entscheidend was dabei im Kopf vor sich geht.

Ich lernte, dass man seine Behinderung, die eigene Krankheit akzeptieren kann und gleichzeitig den Wunsch nach Veränderung hegen darf. Das ist kein Widerspruch. „Ok, jetzt (!!) bin ich krank, ich bin eingeschränkt, das ist ok. Trotzdem arbeite ich an mir, der Zustand muss nicht zwingend unveränderlich sein, es kann etwas Positives passieren. Ich verkrampfe nicht in meinem Einsatz gegen das Elend. Ich gebe mein Bestes und warte, was passiert." Ich probierte eine Menge kleiner Übungen aus. „Heute gehe ich in ein Gespräch. Ich versuche mich und mein Verhalten nicht zu sehr zu bewerten. Ich versuche meinem Gegenüber ab und an in die Augen zu schauen. Ich versuche es, das ist schon viel."

Neben der Definition eigener Ziele ging es zunächst in der „Anspannungsgruppe" darum, sich seiner eigener Anspannung bewusst zu werden und diese beispielsweise durch die oben genannten „Skills" abzubauen. Hilfreich war hierbei auch die „Achtsamkeitsgruppe". Hier galt es, die fünf Sinne Riechen, Schmecken, Hören, Fühlen und Sehen zu schärfen, um sich ggf. zurück in die Realität zu holen und sich realistisch einschätzen zu können. Nachdem ich erste Übungen geschafft hatte gab es eine „Fleißkarte". Zum Thema „Achtsamkeit" stand auf dieser z.B.: „Was nehme ich in diesem Moment in und um mich herum wahr? Ich lasse es zu, halte es nicht fest und schiebe es nicht zur Seite. Ich bewerte es nicht. Es gibt kein gut oder schlecht." Es geht in angstbesetzen Situationen um einen „Realitätscheck". Sich aus der Angstspirale rausdenken und sich immer wieder zu fragen: „Hilft mir das aktuelle Denken das zu fühlen und zu spüren, was ich möchte?". Und immer wieder: Versuchen, sich selbst nicht zu bewerten, versuchen sich selbst nicht zu bewerten, versuchen sich selbst nicht zu bewerten, versuchen sich selbst nicht zu bewerten…

Ein weiterer Lerneffekt: Nach schwierigen Expositionsübungen (z.B. einem Gespräch in der Cafeteria) ist es wichtig, sich selbst zu belohnen. Nach einer Übung etwas tun, was man sehr gerne tut, sich etwas gönnen, irgendetwas, was eine kleine Besonderheit ist. Das ist ganz wichtig. Es gleicht einer Konditionierung wie bei einem Hund. Es reicht nicht, wenn man sich denkt: „Gut gemacht, das war ok." Es bedarf eines stärkeren Konditionierungsreizes, damit auch das Unterbewusstsein merkt: „Gut gemacht, das war stark!!"

Sei nett zu Dir selber. Belohne Dich. Tue Dir und Deinem Körper etwas Gutes. Ich nahm das ernst. Kein Kaffee mehr und mit dem scheiß Rauchen hörte ich von einem Tag auf den anderen wieder auf. Ich wollte das nicht mehr. Das war nicht so ganz einfach. Aber wenn ich bedenke, dass ich bis vor drei Monaten 10 Jahre überhaupt nicht geraucht hatte, dann wird es Zeit wieder daran anzuknüpfen. Tue Deinem Körper etwas Gutes, jeder Faser, jeder Zelle. Ich bin es wert. Gifte schädigen den Körper und natürlich auch die Psyche. Es gab Patienten hier, welche als Übung einen Entschuldigungsbrief an sich selber schreiben sollten, weil sie sich jahrelang mit Drogen malträtiert hatten. Brutales selbstschädigendes Verhalten, aber auch nachvollziehbar.

In der stationsübergreifenden „Soziale Phobie-Gruppe" sollten die Patienten dann im Gruppenrahmen Expositionsübungen durchführen. Einen kurzen Vortrag halten oder beispielsweise sich vor der Gruppe allgemeinen Fragen stellen. Erneut lernte ich, dass die Angst - in aller Regel - nach außen gar nicht so stark sichtbar ist. Ich fühle die Angst, also komme ich auch so rüber? Falsch!

Ich hielt mehrere Kurzvorträge vor der Gruppe. Das Feedback war, dass man die Angst bei weitem nicht so stark sieht, wie ich sie empfinde. Natürlich kann man nicht sofort „perfekt" sein, vermutlich nie. Verabschiede Dich von Deinem Perfektionsstreben!

Ich halte für mich fest: Selbst wenn ich ganz starke und massive Angst habe, dann tritt diese nicht so stark nach außen, wie ich es glaube. Eigene Körperempfindungen können zu einer massiven Verzerrung der Selbstwahrnehmung führen - eine Sicht auf sich selber, welche nichts aber rein gar nichts mit der aktuellen Situation zu tun hat. Tatsache ist aber auch, dass man natürlich Anzeichen von Anspannung oder Angst sehen kann, in einer reduzierten Form. Aber: Wenn andere Menschen bei einem Ängste sehen, dann wirkt es oft eher sympathisch, eine Art liebenswerte Schwäche. Emotionen zeigen, dass soll falsch sein? Schwachsinn!

Ängste sind oftmals so unfassbar irreal: Ein Patient hatte Angst, dass man seine Haare sah, weil diese - seiner Meinung nach - zu dünn seien. Ein Anderer fürchtete sich, dass Menschen denken könnten, er spräche zu schnell. Wieder eine Andere fürchtete abgelehnt zu werden, weil sie errötete oder zu leise sprach. Nichts davon war realistisch zutreffend. Dann sind also auch meine Ängste nicht so reell, wie ich sie empfinde? Angst, dass Menschen meine Anspannung sehen und mich dadurch ablehnen? In der Tat alles ziemlich „gaga", aber eben im eigenen Inneren die harte Wahrheit.

In der „Anspannungsgruppe" hatte ich gelernt, wie man seine eigene Nervosität und das Gefühl des Stresses reduzieren kann. Ich nutzte also Skills wie Kaugummis, einen kleinen Stein, mit dem ich öfter herumspielte oder auch Qigong-Kugeln, um Spannungen zu reduzieren. Zudem versuchte ich es weiterhin mit radikaler Selbstakzeptanz: „Es ist zurzeit normal, dass ich Angst habe oder unruhig bin. Aktuell gehört das zu meiner Persönlichkeit. Denkbar ist es aber, dass es sich noch einmal ändert." Radikale Akzeptanz bedeutet, sich selbst und sein Leid komplett anzunehmen, nicht mehr ständig gegen an zu kämpfen. Ich habe eine schwere Angststörung, eine allgemeine soziale Phobie. So ist das. Alleine mit meinem Willen kann ich es nicht ändern, dann brauche ich mir auch keinen Stress oder Druck zu machen. Sollte es immer so bleiben wie es jetzt ist, dann mache ich das Beste daraus.

Klassisch bei der sozialen Phobie ist das „nicht zu sich selber stehen". Der Versuch, eigene Ängste zu verstecken, Symptome zu kaschieren. Die Angst, „ertappt" zu werden. Tritt ein Symptom auf, dann herrschen Scham, Peinlichkeit, Ohnmacht und ein Gefühl des Versagens vor - jedenfalls bei mir. Versuche Dich zu zeigen und stehe zu Dir, mit allen Facetten, das ist radikale Akzeptanz. Und nicht vergessen: Wenn ich Angst empfinde, dann habe ich ein Gefühl, aber ich bin nicht das Gefühl! Ich begann mir einen „Detektiv auf die Schulter zu setzen", welcher die Umgebung wahrnimmt und in der Realität bleibt. Versuche nicht ständig nach innen zu schauen oder zu beobachten, wie Du wirken könntest. Ich versuchte weniger zu bewerten, die Situation zu sehen wie sie ist. Den Fokus weg von sich selber nach außen richten, ein ganz wichtiger Schritt um den „Käfig der Angst" aufzulösen. Und immer wieder sagte ich mir: Die Situation ist harmlos, sie ist völlig harmlos, es kann nichts passieren.

Langsam, in kleinen Schritten, begann ich daran zu glauben.

Wichtig und schwierig ist auch die „Entscheidung für einen neuen Weg." Aus alten Mustern und Verhaltensweisen ausbrechen, einen neuen Weg ins Dickicht schlagen, ab ins Ungewisse. Den Dschungel stutzen, die Lianen abschlagen und versuchen, einen Weg der Angstfreiheit zu erreichen. Auf dem alten Pfad, mit den alten Denkmustern geht das nicht, das habe ich nun 20 Jahre lang erfahren. Es geht nur über einen neuen Weg. Ich trage die volle Verantwortung für mein jetziges Leben! Die Vergangenheit ist vorbei. Sicherlich habe ich einen schweren Rucksack mitbekommen, aber es liegt nun an mir, wie ich der Last begegne. Ich bin selbst verantwortlich, ich möchte niemandem mehr die Schuld für die Phobie und die Depressionen geben. Ich nehme die Bürde jetzt an. Radikale Akzeptanz. Ich versuche, Last loszuwerden und verbleibenden Ballast zu akzeptieren. Das Leben ist so wie es ist. Es ist unumgänglich, sein eigenes Leben in die Hand zu nehmen. Und gleichzeitig bedeutet das, achtsam mit sich umzugehen. Man kann eine Verhaltensänderung nicht allein mit dem Willen herbeiführen. Mit dem Kopf durch die Wand funktioniert nicht. Ist man völlig k.o., hat man kaum noch Energie, dann sollte man sich tunlichst nicht zwingen, wieder in eine angstauslösende Situation hineinzugehen. Das geht schief, man leidet und braucht wieder eine Weile um aufzustehen. Rücksichtsvolles Umgehen mit sich selbst, das ist wichtig.

Wieder und wieder vollzog ich Expositionsübungen. Einkaufen, zum Sport gehen, mich mit Mitpatienten unterhalten. Ich machte kleine Fortschritte, begann mir etwas mehr zuzutrauen. „Ohne Druck bin ich in der Situation. Ich akzeptiere meine derzeitigen Grenzen. Ich beobachte achtsam die Umgebung und bleibe in der Realität. Wenn ich angespannt bin nehme ich es wahr, ohne Bewertung. Die Situation ist harmlos."

Ich übte immer wieder von Neuem, bis es mir zu den Ohren heraushing. Ich saß mit Mitpatienten am Tisch, hielt Kurzvorträge, ging wiederholt auf andere Menschen zu und versuchte dieses ohne Sicherheitsverhalten. Zudem achtete ich darauf, dass ich einen neuen Weg einschlug. Alte Gedankenmuster (siehe Abbildung 1) zerstören und auflösen, durch neue positive Muster ersetzen.

- Ich versuche achtsam zu sein. Ich trage einen Detektiv auf meiner Schulter. Dieser passt auf, dass ich in der Situation und in der Realität bleibe. Ich beobachte die Umgebung.
- Achtsamkeit bedeutet auch, in jeglicher Form auf sich selber aufzupassen. Ich überfordere mich nicht. Wenn es nicht anders geht, dann darf ich eine Situation verlassen. Ich bin gut zu mir und meinem Körper. Keine Selbstschädigung durch (zu viel) Alkohol, Tabak oder Benzodiazepine (z.B. Tavor).
- Achtsamkeit bedeutet auch zu spüren, ob meine Anspannung steigt. Ggf. setze ich Skills ein, um die Anspannung zu reduzieren.
- Situationen, vor denen ich eine übersteigerte Angst habe, sind in der Regel völlig harmlos.
- Ich akzeptiere radikal, dass ich zurzeit eine Einschränkung oder Behinderung habe. Das ist jetzt mein Wesen, vielleicht ändert es sich noch. Ich lasse es zu, ich erlaube es mir. Aktuell gehört es zu meiner Person. Es ist wie es ist.
- Ich übernehme die volle Verantwortung für mein Leben. Ich trage die Fähigkeit in mir, das Leben langsam (einen Schritt nach dem anderen) zu verändern.
- Ich versuche, einen neuen Weg einzuschlagen. Ich probiere Alternativen aus, welche mich aus alten Mustern führen. Verschiedene Muster sind es, welche mich krank gemacht haben.

Wo die Angst ist, ist der Weg.

- Ich bewerte mein Handeln in angstbesetzten Situationen nicht. Ich setze mich nicht unter Druck. Ich bin ok, wie ich bin.

Gespräch mit Menschen in einem Café

↓

Eventuelle frühere Erfahrung (Ggf. vor
langer Zeit): Wurde in Gesprächen
bloßgestellt, ausgelacht, abgewertet...

↓

Gedanken: Bestimmt werde ich total angespannt
und verkrampft sein. Die werden mich für
merkwürdig halten und denken: „Was für ein
komischer Typ". Ich kann nicht locker sein. Wenn
dann auch noch die Angst kommt? Ich wirke völlig
verstört, schwach, unfähig... Die lehnen mich ab,
die wollen nichts mehr mit mir zu tun haben. Ich
werde nicht gemocht, ich bin ein Außenseiter, das
wird schrecklich! Diese fürchterliche Scham...

↓

Selbstfokussierung/Selbstwahrnehmung:
Ich sitze den anderen Leuten völlig verkrampft
gegenüber. Ich fange an zu schwitzen, halte
keinen Augenkontakt. Ich wirke nervös und
fahrig, unsicher. Ich erstarre wie ein Stein. Wenn
die Angst kommt, dann rutscht meine Maske
vom Gesicht, ich wirke panisch, völlig
überfordert...

Sicherheitsverhalten:
Kaugummi im Mund gegen
die Anspannung. Hoher
Rollkragenpullover gegen
mögliches Erröten.
Kräftezehrendes Tragen einer
Maske. Rumfriemeln an einem
Bierdeckel, kurze Antworten
geben...

Angstsymptome:
z.B. hochgezogene Schultern,
Verkrampfung im Gesicht,
Herzrasen, Mundtrockenheit,
Schwitzen etc.

Negative Grundannahme: Ich bin ungewollt, ungeliebt...

Abbildung 1: Kognitives Modell („Ungesundes Denkmuster" im Rahmen
der sozialen Phobie) (in Anlehnung an Clark & Wells (1995))

Ich versuchte, alte, tiefgründige Grundannahmen wie z.B. „Ich bin anders als Andere. Ich bin nicht liebenswert" oder „Ich kann das nicht. Ich bin nicht fähig.", „Ich muss mehr tun als Andere um liebenswert zu sein." durch positive Muster zu ersetzen. Dafür schrieb ich mir eigene Eigenschaften auf, die ich als positiv erachte, und las sie mir wieder und wieder vor.

Eine Angststörung wird durch Selbstwertarbeit gemildert, ohne diese Arbeit wird es schwierig.

Ich hielt mir jeden Tag mehrfach meine Stärken vor Augen. Ich stellte mir vor, dass mein „innerer Kritiker" einen Nichtangriffspakt mit meinem „Befürworter" schließt. Wann immer der Kritiker sich mit alt bekannten Leitsätzen meldete: „Du wirst abgelehnt.", „Du musst viel leisten um akzeptiert zu werden." sagte ich: „Stop!". Ich tauschte diese Muster durch positive Sätze und positives Feedback aus. Du bist wertvoll. Du hast es nicht nötig, Angst zu haben. Du kannst viel und bist viel. Du bist ok, wie Du bist. Ich merkte manchmal wie sich ein wohliges Gefühl in der Magengegend ausbreitete. Ich bin ok, ohne Leistung, einfach nur durch eigenes Sein. Auch Shame-Attacks führte ich durch: Fremden Menschen ein Kompliment machen, im Foyer einem Mitpatienten laut etwas zurufen.

Zudem versuchte ich eine der Angst entgegengesetzte Körperhaltung einzunehmen. Die Logik der Angst ist, dass durch unsere Gedanken auch unsere Gefühle und unsere Körperhaltung (z.B. hochgezogene Schultern, verkrampftes Gesicht, dazu Schwitzen, ein trockener Mund) beeinflusst werden. Dieses Reiz-Reaktions-Schema soll auch umgekehrt funktionieren. Also durch ein leichtes Lächeln und eine aufrechte Körperhaltung eine Änderung im Gefühl provozieren.

In Wiederholungen übte ich das. Jeden Tag, bis ich völlig kraftlos war. Am anderen Tag ging es dann natürlich weiter.

Ich sitze in der Cafeteria anderen Menschen gegenüber. Ich merke wie meine Schultern verspannen und sich meine Mimik verhärtet bzw. anspannt. Meine Kehle wird trocken. Ich ertappe mich bei den Gedanken: „Die Anderen sehen das an mir. Sie halten mich für merkwürdig und komisch. Sie lehnen mich ab, wollen nichts mit mir zu tun haben. Ich bin wertlos und völlig allein. Das ist schrecklich." Stop!

Und jetzt der Austausch der Gedanken: „Ich habe einen Detektiv auf meiner Schulter und dieser realisiert die Situation wie sie ist. Sie ist harmlos. Die Situation ist ungefährlich. Die anderen Menschen gucken mich gar nicht so sehr an, außerdem kann ich nicht wissen, was sie denken. Ich achte auf die Situation und das Gespräch. Oh, ok, Anspannung und Angst sind da. Na und? Ich trage eine innere Kraft in mir, welche mir hilft, die Situation zu bewältigen. Angst und Anspannung, hallo, ich schaue Euch an. Aktuell seid Ihr vorhanden, weil nach wie vor alte Gedankenmuster greifen. Ich arrangiere mich mit Euch. Ich nehme Euch radikal an. Stand jetzt: Aktuell seid Ihr ein Teil von mir. Vielleicht wird das einmal anders sein. Ich bewerte und verurteile dieses Gefühl nicht. Es ist wie es ist und ich bin ok. Die Situation ist harmlos und ich habe viele Stärken, welche mich liebenswert und sympathisch machen."

So - na Angst, wie gefällt Dir das? Damit hast Du nicht gerechnet was? Operation „neuer Mensch". Destruktives durch Konstruktives ersetzen. „Nimm mir das nicht übel, Angst. Ich weiß, dass Du ein Teil von mir bist, und das ist ok. Aber ich möchte selber entscheiden welche Situation gefährlich ist und welche nicht. Diese, meine Entscheidung wirst Du als ein Teil von mir akzeptieren müssen. Und eines, liebe Angst, möchte ich

Dir noch sagen: Du hast eine wertvolle Funktion, Du willst mich behüten und beschützen, dafür danke ich Dir. Aber ich sage Dir auch: Die Tatsache, dass Du mich sehr oft in Situationen besuchst, bedeutet noch lange nicht, dass eine Situation wirklich gefährlich ist. Du bist also öfter da als notwendig. Du wirst wohl oder übel akzeptieren müssen auch einige Male ausgeladen oder aber nicht hineingelassen zu werden - und dazu stehe ich jetzt!"

Die Therapeutin empfahl mir, in angstbesetzten Situationen möglichst nur auf die Situation zu achten. Weg von der Selbstfokussierung (siehe Abbildung 2). Die Aufmerksamkeit auf das Gespräch und die allgemeine Situation richten. Wenn man zu viel am Gedankenaustausch mitten in den Situationen arbeitet, dann kann auch das zu einer Verkrampfung führen. Oder aber der Gedankenaustausch selber kann sich zu einem Sicherheitsverhalten entwickeln. Es ist also eher im Vorfeld oder in der Rückbetrachtung einer Situation sinnvoll, eigene Gedankenmuster auszutauschen und zu modifizieren.

Es gab viele Rückschritte bei den Übungen. Nicht immer klappte das, was ich mir vorgenommen hatte (z.B. Gespräche beim Essen, Austausch in der Sitzgruppe etc.). Manchmal trat die Angst auch in Situationen wieder auf, welche ich schon zigmal gemeistert hatte.

Oft war ich nachmittags so kaputt, dass ich mich nur noch ins Bett legen konnte. Arbeit an der Angst und an sich selbst ist furchtbar anstrengend. Besserung kommt nur langsam und nicht linienförmig sondern eher als eine auf- und absteigende Kurve. Es reicht nicht, diese Arbeit nur theoretisch, ausschließlich im Kopf, durch eigenes Denken durch-zuführen. Es ist wichtig, Übungen aufzuschreiben und sich regelmäßig und oft schriftlich mit ihnen zu beschäftigen. Und diese Situationen gilt es selbstverständlich auch in der realen Welt zu erleben.

Gespräch mit Menschen in einem Café

↓

Eventuelle frühere Erfahrung (Ggf. vor langer Zeit): Wurde in Gesprächen bloßgestellt, ausgelacht, abgewertet...

↓

Gedanken: Ich gehe in die Situation und versuche, auf die Außenwelt zu achten. Wenn Angst und Anspannung auftauchen ist das ok. Ihr seid ein Ergebnis früherer Denkweisen und ich lasse Euch ziehen. Ihr seid eine natürliche Angstreaktion, aber die Situation ist harmlos. Ich achte auf die Situation, frei von Verurteilung oder Bewertung. Es ist ok, alles ist gut. Ich bin viel mehr als nur die Angst.

↓

Außenwahrnehmung: Ich achte auf die Situation und das Gespräch...

Sicherheitsverhalten:

Kein Sicherheitsverhalten!

Angstsymptome:
z.B. hochgezogene Schultern, Verkrampfung im Gesicht, Herzrasen, Mundtrockenheit, Schwitzen etc.

Positive Grundannahme: Ich habe viele Stärken, habe viel Interessantes erlebt...

Abbildung 2: Kognitives Modell („Positives Verhaltensmuster" auf dem Weg zur Auflösung der sozialen Phobie)

Ohne Wiederholungen wird es nicht gehen. 20 Jahre ungesundes Denken und selbstreduzierende Leitsätze lassen sich nicht in einigen Wochen austauschen. Dass es gemäß Abbildung 2 bei den Übungen natürlich noch zu Angst- und Anspannungssymptomen kommen kann (und vermutlich wird) ist ganz normal. Aber es ist möglich, auch bei einer starken Phobie, nach einigen Wochen oder Monaten eine Besserung zu verspüren.

Die Steigerung der sozialen Phobie ist eine Persönlichkeitsstörung. Mit der Phobie „Hand in Hand" geht beispielsweise die „ängstlich vermeidende Persönlichkeitsstörung" einher, auch die „narzisstische" Störung ist hier zu nennen.

Persönlichkeitsstörungen bezeichnen Verhaltensmuster, welche sich aufgrund bestimmter Lebens- und Erfahrungsumstände tief eingeprägt haben. Auch genetische Faktoren spielen dabei eine Rolle. Die persönliche und auch die soziale Funktionsfähigkeit ist dabei teilweise stark beeinträchtigt.

Bei der ängstlich vermeidenden Persönlichkeitsstörung beispielsweise besteht oftmals die Sorge (und auch die Überzeugung) nicht gemocht oder abgelehnt zu werden oder aber minderwertig zu sein. Eine narzisstische Persönlichkeitsstörung kann z.B. dann vorliegen, wenn die Leidenden sehr unsicher sind und eine Bestätigung Anderer zur Stärkung des eigenen Selbstbildes benötigen.

Die Therapeutin sagte mir, sie sei sich sicher, dass ich verschiedene Elemente einer Persönlichkeitsstörung aufweise (emotional instabil, narzisstisch, ängstlich-vermeidend). Kein einheitliches, klares Störungsbild aber definitiv eine soziale Interaktionsstörung.

Beispielsweise die rasche Ausbreitung der sozialen Phobie auf alle menschlichen Kontakte sei hierfür ein Indiz.

Gegen Persönlichkeitsstörungen anzugehen ist schwieriger und zäher als eine „bloße" Phobie. Ich empfand es wie ein Schwimmen durch ein gigantisches Becken Kleister. Eine braune Melasse Karamellcreme, die mich völlig verkleben ließ. Störungen verschwinden in der Regel nicht gänzlich. Es ist aber sehr wohl möglich, gut mit diesen Behinderungen zu leben, sie einigermaßen in den Griff zu bekommen und den Alltag zu meistern. Radikale Akzeptanz kann hierzu eine Schlüsselfertigkeit sein, ansonsten können aber auch die weiter oben beschriebenen Verhaltens- und Denkweisen helfen.

Die Tatsache, dass ich nun „offiziell" eine Störung diagnostiziert bekam, machte mich zunächst einmal sehr unsicher. Andererseits war das die Erklärung dafür, warum trotz aller Mühen keine wirkliche Besserung eintrat, warum die vielen Therapien nicht nachhaltig spürbar wirkten.

Die Diagnose „Persönlichkeitsstörung" verhalf mir zu einer stärkeren Akzeptanz des Ganzen. Wenn es wirklich so zäh und schwer therapierbar ist, dann besitzt die radikale Akzeptanz einen besonderen Stellenwert.

Und trotzdem: Eine mit einer sozialen Phobie kombinierte Persönlichkeitsstörung bedeutet nicht, dass man nicht dennoch auf eine Besserung und eine Linderung hoffen darf. Auch hier kann es gute Zeiten geben. Die Arbeit an sich selbst sollte auf jeden Fall weitergehen. Viele Menschen können mit diesen Beeinträchtigungen gut leben und arbeiten. Es geht um einen veränderten Blick auf sich selbst. Trotz Behinderung ist ein erfülltes Leben machbar, so wurde mir erzählt.

Egal ob „nur" soziale Phobie oder aber zusätzlich eine Persönlichkeitsstörung: Die Arbeit am eigenen Selbst gehört zur Milderung des Leides dazu. Eigne Dir einen „fairen Blick" an, gehe behutsam vor. Lasse aus dem inneren Kritiker die Luft raus und setze ihm ein Stop! entgegen. Gehe auch in Deinen Handlungen freundlicher mit Dir um, löse ungünstige Grundannahmen auf. Du bist liebenswert. Du hast etwas erreicht. Menschen wollen Kontakt zu Dir. Du hast tolle Eigenschaften. Du bist ein wertvoller Mensch. Bitte behandle Dich auch entsprechend. Auch dieses geht aber nur langsam und in kleinen Schritten. Habe Geduld, lobe und belohne Dich für kleine Fortschritte.

In der Klinik setze ich mir als Ziel, langsam aber sicher den fairen Blick auf mich selbst zu richten und achtsam mit Menschen in Kontakt zu treten. Letzteres geht insbesondere über Augenkontakt. Ich hasste dieses. Zu meinem Sicherheitsverhalten gehörte ja gerade Augenkontakt zu vermeiden. Augenkontakt machte mich unsicher und ich spürte die Ängste erst recht kommen. Stop! „Menschen mögen Dich, Du bist ein angenehmer Gesprächspartner. Ich gehe achtsam mit der Situation um und lenke die Wahrnehmung nach außen. Gut gemacht. Ok, ich spüre Verspannungen im Gesicht und in den Schultern. ~~Was sollen nur die Anderen Denken? Die halten mich für sozial unfähig und komisch.~~ Stop! Ach ja, da seid Ihr ja. Das ist ok, ich lasse Euch zu. Ist schon ok, willentlich kann ich eh nichts dagegen tun, dann brauche ich mich auch nicht stressen. Ihr seid harmlos und das Ergebnis der früheren Denkmuster. Klar seid Ihr jetzt hier. Ihr zeigt mir, dass die Situation harmlos ist, das zeigt Ihr mir! Auch Augenkontakt ist harmlos. Ich nehme Euch jetzt radikal an. Ich brauche mich dafür nicht verurteilen oder bewerten. Es ist wie es ist - und vor allen Dingen harmlos und einfach nur eine Situation. Schön. Jetzt versuche ich, anderen Menschen einmal einen Augenblick in die Augen zu sehen. Es ist gut. Ich versuche ein Lächeln, ich gebe mir Mühe. Prima!"

Ich hatte manchmal das Gefühl, das Leben erst wieder neu lernen zu müssen.

In der Klinik lernte ich eine Mitpatientin kennen, Mona. Ende zwanzig, blond, zierlich, sehr nett und ebenfalls an der sozialen Phobie erkrankt. Wir gingen öfters spazieren und redeten viel. Sie war eine angenehme Person, sympathisch, intelligent und motiviert. Sie litt unter Depressionen und ihrer sozialen Phobie, kämpfte damit, um im Alltag einigermaßen „klar zu kommen". Auch sie hatte überhaupt keinen Grund, ihre manchmal negativen Selbstwahrnehmungen „zu glauben". Sie fühlte sich oft abgelehnt, nicht gemocht. Natürlich kann das manchmal vorkommen, aber es gab bei ihr überhaupt keinen Grund, sie nicht zu mögen.

Sie hatte unglaublich viel Wissen über die soziale Phobie. Ich dachte bis Bad Bramstedt immer, ich wüsste schon alles, doch merkte ich schnell, dass dem nicht so war.

Ich merkte, wie hart mein Kopf arbeitete. Doch Kopfarbeit ist nur ein ganz winziger Teil, nicht zu „verkopft" sein bitte, das allein hilft nicht. Man sollte versuchen etwas zu spüren, seine neuen Denkmuster zu „erleben", neue Sichtweisen „erfahren". Ich spürte manchmal in der Bauchgegend, dass da etwas ankam. Ich war dann richtig innerlich berührt wenn ich realisierte, wie sich meine verkrusteten Strukturen bewegten. Es rumorte, wie ein Bienenstock im Frühling. Da wollte etwas raus, da stellte sich etwas in Frage. Alte Regeln gelten nicht mehr - zumindest nicht mehr so stark. Es bewegte sich etwas und kam in Fahrt.

Ich begann auch wieder damit, viel Sport zu treiben, joggen, einen Trimm-Dich-Pfad entlang.

Dabei begleitete mich manchmal eine weitere Patientin. Susanne, etwa ein Meter sechzig groß, Anfang dreißig und top in Form.

Susanne litt unter Borderline, hatte aber (oder gerade deswegen) sehr viel Power. Sie hatte ein gutes Herz, einen guten Charakter und einen starken Willen. Absolut „tough". Sie besaß jede Menge Grips, gut ausgeprägte „emotionale Sensoren" und sorgte sich sehr um Andere. Sie setzte sich selber zuweilen stark unter Druck, eine Perfektionistin. Würde ihre Energie ungehindert fließen, dann könnte sie vermutlich die Welt aus den Angeln heben. Diverse Male joggten wir gegen unsere Anspannung durch den Wald. Das war etwas, was wirklich half. Nach dem Sport hatte ich im Kopf für einige Zeit „Urlaub von Angst und Anspannung".

Sport tut der eigenen Person gut, achtsam sich etwas Gutes tun. Lebe gesund, für Dich selbst.

Und ganz langsam, tröpfchenweise, merkte ich, wie sich soziale Situationen veränderten. Als ob ein Eisblock schmilzt, als ob die Sonne einen schneebedeckten Hang bescheint.

Manchmal merkte ich in einem Gespräch für einige Minuten, dass ich sicherer wurde, manchmal auch für eine ganze Stunde. Danach schneite und fror es wieder, aber das Licht bewegte sich der Dunkelheit unaufhörlich entgegen. Wärme ersetzte Kälte. Ein leichter und warmer Wind wehte über das Eisfeld, langsam, ganz langsam und bedächtig. Ein leiser, filigraner Klang schwebte zu mir herüber.

Ich arbeitete weiter. Jeden Tag schrieb ich auf, was gut geklappt hatte. Ein Lob von sich selbst oder ein positives Feedback kann definitiv das Selbstvertrauen stärken. Hilfreich ist es auch, sich sinnvolle und realistische Ziele für den Tag zu setzen. Es gibt ein gutes Gefühl und stärkt das eigene Ich wenn man seine eigenen Vorgaben erreicht. Den eigenen Befürworter und das eigene Selbstbewusstsein bitte bei einer psychischen Erkrankung niemals unterschätzen. Es sind wertvolle Partner der Genesung.

Wenn ich energie- und kraftlos war, dann machte ich Handübungen mit Qigong-Kugeln. Es geht hierbei darum, die kleinen klingenden Kugeln in einer bestimmten Richtung in der Hand zu drehen. Dabei werden bestimmte Akupunkturpunkte berührt, welche einen Einfluss auf Energiebahnen - die Meridiane - haben. Es geht darum, Ungleichheiten im Körper und der Seele auszugleichen und Energien (das „Qi") fließen zu lassen, Blockaden aufzulösen. Klingt esoterisch. „Wieder so ein Hippiekram" dachte ich zuerst. Aber man soll sich erst ein Urteil bilden, wenn man etwas einige Zeit ausprobiert hat. Zudem sind psychische Krankheiten oft so irreal, nicht nur über den Verstand zu erklären. Hilft das wirklich? Was hilft hat Recht und ich hatte das Gefühl, dass es mir gut tat. Das Drehen der Kugeln beruhigte und festigte mich, langsam. Ja, ich wurde fast ein wenig süchtig danach, aber diese Sucht ist ok. Ich merkte, wie das Blut in Wallung geriet und Schlacken und rostigen Müll mit sich riss, bevor alles an einer weiteren, langsam schmelzenden Blockade hängenblieb. Einige Zeit später war auch dieses Hindernis passé und die Kruste floss weiter und vermischte sich mit hellem, sprudelndem, klaren Gletscherwasser.

Mit meinem Vater hatte ich Frieden geschlossen, so schön, so beruhigend. Ich hörte seine Stimme nicht mehr, die mich verurteilte. Ich sah sein Gesicht nicht mehr vor mir, was mich früher innerlich zusammenkriechen ließ. Jetzt war es anders. Es war positiver, friedlicher, wenngleich auch noch auf wackligem Terrain. Das kleine Ich begann freier zu werden, mitzuwachsen, groß zu werden, hinaus zu gehen, es sich endlich gut gehen zu lassen. Genieße das Wasser, die Wärme und das helle, wohlige Licht. Im Gefängnis des eigenen Ichs, die Gitterstäbe zersägt und alle Türen von außen aufgeschlossen, langsam, ganz langsam und dennoch merklich. Es wird hell und warm. Eine grüne Wiese im Sommer betretend, auf leisen Sohlen und noch etwas misstrauisch. Das kleine Ich kann erst wachsen, wenn Du Dir einen fairen Blick aneignest. Stärke es und sei fürsorglich zu Dir und ihm. Sei fair zu Dir selbst.

Jeden Tag von Neuem ein ähnliches Programm. Expositionsübungen, Kurzvorträge halten, mit anderen Menschen sprechen. Das Sicherheitsverhalten reduzierte ich immer weiter, bis ich mich quasi „nackt" präsentierte. „Kehle zeigen" immer wieder. Sich selber loben und belohnen. Das kleine Ich hegen und pflegen und ihm endlich die Aufmerksamkeit geben, welche ihm so lange vorenthalten wurde. Eigene Wertschätzung ist Wasser auf verstaubte Mühlen der Lebensfreude. Halbtot, in der Wüste, die Kehle ganz trocken. Eisgekühltes Wasser, so viel wie ich will, endlich!

Der innere Befürworter sorgt dafür, dass das kleine Wesen größer und stabiler wird. Es wächst, und wie es wächst. Es schießt richtig empor und ernährt sich gut und gesund. Es kriegt jetzt alles, was es will.

Und erneut sprach ich mit der Angst: „Hallo soziale Phobie. Du weißt, dass ich jetzt verstärkt selber entscheide. Jeden Tag ein bisschen mehr. Es gefällt Dir nicht, aber es ist wie es ist. Verstehe mich bitte. Ich lade Dich jetzt ein, komm doch zur Tür herein und breite Dich aus. Ich möchte gerne Deinen Schrecken sehen. Es geht darum, dass ich nur dann vernünftig an Dir arbeiten kann. Umschlinge mich und hülle mich ein, in Dein Gewand aus Stein, Beton und Stacheldraht. Warum kommst Du denn nicht? Du darfst jetzt erscheinen, wo bist Du denn? Ich weiß, dass Du ganz natürlich und menschlich bist. Du gehörst dazu. Mein Körper reagiert, wie er reagieren muss, wenn Du da bist. Mein Körper ist gut, er funktioniert. Das ist doch ok, ja, das ist normal. Hallo, bist Du noch da?"

Oft gab es Rückschritte. Hinfallen, Aufstehen, Weitermachen. Zerschundene Knie und Handflächen, Tränen. Weitermachen. Etwas Ruhe gönnen, wieder in die Situation hinein. Wieder und wieder. Außenwahrnehmung. Im Vorfeld Gedanken austauschen. Außenwahrnehmung. Komm doch bitte, Du bist eingeladen. Na, Anspannung, wie geht`s Dir? Wir lachen zusammen, doch Du bist derjenige, der merkt, dass Du Deinen Schrecken verlierst. Den Befürworter stützen, das kleine Ich stärken. Es wird, langsam, ganz ganz langsam, es wird. Das Gras wächst auch nicht schneller wenn man dran zieht. Millimeterschritte aber messbar. Ich bin müde. Sinnvolle und realistische Ziele setzen. Sich nicht überfordern. Die eigenen Ziele: Sinnvoll, messbar, aktiv, realistisch, terminorientiert. Zeit lassen, ganz viel Zeit lassen. Ich brauche mich nicht unter Druck setzen, das brauche ich nicht. Ich bin ein wertvoller Mensch, mit oder ohne Anspannung und Angst.

Vermutlich gibt es nur wenige Menschen, welche den Wendepunkt ihrer sozialen Phobie genau datieren können. Ich kann es. Es war der 13. Januar 2015. Ich hatte Einzeltherapie bei meiner Therapeutin in Bad Bramstedt. Gefühlt in etwa die 400. Therapeutensitzung seit Beginn der Krankheit und ein Dammbruch geschah...

Sie zeigte mir auf, warum ich immer das Gefühl hatte, dass mit mir etwas nicht stimmte, dass mit mir etwas nicht ok ist. Sie machte mir klar, warum so vieles, was ich in den letzten 20 Jahren gegen die soziale Phobie versucht hatte, nicht funktionierte. Warum sich die soziale

Angsterkrankung als so fürchterlich renitent erwies. Es ist folgendermaßen (siehe auch Abbildung 3):

Tief im Inneren liegen die Grundannahmen eines Menschen. Meine lauteten unter anderem: „Wenn ich Angst empfinde, wenn die Angst nach außen tritt, dann ist dieses gepaart mit einer fürchterlichen Scham, einer absoluten Panik, einee tiefgehende Kränkung des eigenen Ichs. Wenn ich die Angstsymptome erlebe, diese tatsächlich auftreten, dann werte ich mich massiv ab. Ich kompletter Vollidiot! Ich bin nicht in Ordnung, ich bin tiefgehend falsch!" Dieses Gefühl ist der Supergau, der „Bämm" der Seele, kaum auszuhalten, ein Totalcrash!! Ich bin falsch, ich werde abgelehnt, das ist nicht zu ertragen, ich = ein Nichts.

Direkt daneben liegen, auf einer anderen Ebene, die Stärken. Ich weiß, was ich kann. Ich bin kreativ, intelligent, treu, ehrlich etc.. Souveränität vs. Unsicherheit. Um den „Bämm" nicht zu erleben, den „Bämm", den ich kaum aushalten kann, wende ich ein Sicherheitsverhalten an. Ich trage eine Maske im Gesicht. Ich möchte nicht, dass die Angst, der Zusammenbruch, meine Panik, ein Blackout, der Gesichtsverlust nach außen treten. Ich glaube, den „Bämm" nicht ertragen zu können, ICH WILL AUF KEINEN FALL AUF DIE BÄMM-EBENE!!! Gehe ich also in eine Situation und „halte diese aus" (Anspannung, Angst) und lasse „die Maske im Gesicht" so bin ich nicht real. Das eigene Ich verliert sich hinter der Maske. Ich versuche meine Gesichtszüge, mein Verhalten radikal zu steuern. Es ist zwar ansonsten jegliches Sicherheitsverhalten abgelegt, aber die Maske reicht schon, um große Erfolge zu unterbinden. Trägt man eine Maske, so kann sich die Angst nicht auflösen, man unterdrückt diese ja. Trägt man eine Maske, so kann es dazu führen, dass Gefühle nicht mehr gespürt werden, dass man dissoziiert, wegtritt, völlig erschöpft ist etc.. Die Maske führte in meinem Falle zu einem Denken

„Ich bin nicht echt. Ich bin unwirklich, anders als Andere. Mit mir stimmt etwas nicht." Die „Es-darf-nichts-schlimmes-passieren-Maske" bedeutet eine unglaubliche Anstrengung. Die „Ich-zeige-keine-unangenehmen-Gefühle-Fassade" frisst sämtliche Reserven auf. Natürlich bin ich nach solch einem Schauspiel völlig k.o. und ausgelaugt. Das ständige Tragen der „Anti-Bämm"-Maske führt dazu, dass ich ein emotionales Wrack werde. Der Weg führt in die Sackgasse, in ein Ende, welches ich nicht erleben möchte.

Es gibt nur eine einzige Lösung: Den Gesichtsverlust, die Panik, die Scham, die Verletzung, die Kleinheit des eigenen Ichs zu erleben. Ja, ich weiß, es ist fürchterlich. Wenn man nicht so ist, wie man gerne sein möchte, brutal. Es ist für mich ein Graus, wenn andere Menschen meine Angst und Panik erleben. Ich finde es schrecklich. Es kann zu Irritationen bei anderen Menschen führen. Es kann dazu führen, dass Andere mit dieser Situation nicht umgehen können und mich aufgrund der spür- und sichtbaren Angst ablehnen. Aber es gibt nur diesen Weg. Ich muss Risiken eingehen. Ablehnung kann passieren. Ich muss mich dem stellen. Nur wenn ich den „Bämm" spüre und erlebe, kann ich lernen, mit diesem Gefühl umzugehen. Lerne, Dich mit Deinem eigenen Teufel, Deiner massivsten Schwäche zu konfrontieren. Hinterfrage es, ist es wirklich so schlimm, wenn Du abgelehnt wirst? Ist das so schrecklich? Ist das so ein Albtraum, wenn vielleicht einige Menschen Dich wegen starker Angst und Panik ablehnen. Eigentlich nicht, oder?

Die Lösung ist: Erlebe wieder und wieder die Angst und Anspannung. Provoziere eine Panikattacke. Provoziere die Angst, die Gesichtsentgleisung, die brutale Scham. Erlebe es immer wieder, nur dann verliert es seinen Schrecken.

Willst Du ewig eine Maske tragen, ein emotionales Wrack sein? Nein, also wähle den fürchterlichen Weg der Angst, Ohnmacht und Scham. Dieser Weg führt in die Freiheit.

Und genau da, genau dort, direkt nach dem „Bämm", fängt anschließend die Selbstwertarbeit an. Ganz wichtig: Stärke Dich nun sofort, nimm Dich an, sprich Dir Mut zu, direkt nach dem „Bämm". Gib Dir selber Kraft und werde mutig. Du bist ein Braveheart, ein Ritter deiner Seele, aber genau dafür wirst Du noch einige Zeit tief durch den Dreck kriechen müssen.

Nach jedem (!) „Bämm": Selbstwertarbeit, niemals vergessen bitte! Sei Dir ein Freund, ein treuer Begleiter, aktiviere dann den Befürworter. Der Kritiker ist dann abgemeldet.

Diese Erklärung sorgte für den „Klick" eines Schalters in meinem Kopf. Ich hatte nun für mich die Antwort gefunden, warum so viele Mühen nicht spürbar gegriffen hatten. Das war die Erklärung, warum ich mich oft so „anders", so „unstimmig" fühlte.

Meine Therapeutin war bescheiden. Sie sagte: „Hätten andere Ärzte Ihre Diagnose gehabt (Soziale Phobie mit Merkmalen von narzisstischer, emotional-instabiler und ängstlich-vermeidender Persönlichkeitsstörung), so hätten diese Ihnen leicht die Antwort auf diese Fragen geben können."

Eine Antwort auf knapp 20 Jahre Fragezeichen innerhalb einer einzigen Stunde! Ich war baff und kann nur sagen: Danke, diese Antwort war großartig und ist mit keinem Geld der Welt aufzuwiegen!

Sicherheitsverhalten "Maske", Es darf nichts "Schlimmes" passieren, bloß keinen BÄMM!!!

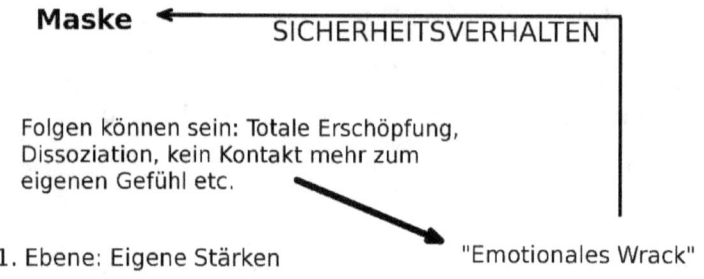

Maske ◄─── SICHERHEITSVERHALTEN

Folgen können sein: Totale Erschöpfung, Dissoziation, kein Kontakt mehr zum eigenen Gefühl etc.

1. Ebene: Eigene Stärken   "Emotionales Wrack"

2. Ebene: Die große Unsicherheit

BÄMM!!!!
Der Emotionale
Supergau!!

Brutale Angst, fürchterliche Scham, Totalblamage, Zusammenbruch, Nacktheit, Kränkung, Erstarren, "Ich Vollidiot", "Oh Gott, ich halte das nicht aus"

Die einzige Lösung: Maske runter! Den "Bämm" erleben und spüren! Wieder und wieder...

Ins Risiko gehen, lernen fürchterliche Gefühle auszuhalten, lernen mit Ablehnung umzugehen

Dann: SELBSTWERTARBEIT [!!!]

Abbildung 3: Souveränität vs. Unsicherheit

Ich übte nun also verstärkt, in panikartige Situationen zu kommen. So brutal es auch ist, ich wusste: Nur so kann es gehen. Ich hoffte richtiggehend, dass Anspannung und Panik kommen. Ich wünschte mir die Krähe herbei, ich lud sie ein, um ihr direkt danach eine Knarre an den Kopf zu halten und ohne zu zögern abzudrücken. Jedes Mal flogen die Federn in alle Himmelsrichtungen und es dauerte bis ein neues Viech herbeiflog. Der Schrecken wurde von Mal zu Mal kleiner. Oft war ich noch brutal angespannt, und dann sagte ich mir: „Los jetzt! Überwältige mich mit dem Gefühl von Angst, Panik und Scham, denn dann arbeite ich an Dir!" War die Welle über mich hinübergerollt, hatte ich sie einmal mehr überstanden, noch völlig zitterig, dann begann ich sofort mit der Selbstwertarbeit. Du bist ok, Du hast schon so viel geschafft. Ich zählte dann innerlich alle meine Stärken auf, lobte mich, dass ich der Fratze mutig ins Gesicht schaute und von Mal zu Mal dem Blick länger standhielt. Es fühlte sich absolut gut an. Und das nächste Mal surfe ich auf der Welle.

Ich hatte oft den Eindruck, dass tief in meinem Inneren Flummibälle wie Wut, Scham, Angst und Ärger einen Veitstanz aufführten. Die Flummis sprangen auf und ab und hin und her. Sie prallten immer wieder von unten an der Maske aus Stahl in meinem Gesicht ab. Lockerte ich die Maske ein wenig, schob ich sie ein bisschen zur Seite, dann sprang mal ein Flummi hervor. Ich musste mir dann nicht die „volle Dröhnung" geben, es war eine Konfrontation mit den Gefühlen in Maßen. Ich sagte mir: „Ah, ein Flummi Angst springt hervor. Das ist aber ein schöner Batzen. Ich merke wie auch Scham dabei ist, zudem Wut und Ärger und ein wenig Trauer. In Ordnung, Ihr seid voll ok. Ihr gehört zu mir wie alles, was ich an mir schätze. Ich halte es jetzt aus. Es ist gleich vorbei.

Ich schaue, wie andere Personen darauf reagieren. Oh, da ist jemand irritiert, ach, da kommt vielleicht jemand mit diesen Emotionen gerade nicht so gut zu Rande. Das ist schade. Wenn ich deswegen jetzt abgelehnt werde, dann ist das bedauerlich, ich kann es jetzt aber nicht ändern. Muss ich es der anderen Person Recht machen, zum Preis der emotionalen Verstümmelung? Ich denke nicht! Ich habe auch viele andere Eigenschaften an mir. Ich bin liebenswert und in Ordnung, ohne Maske bin ich echt und authentisch. Ein echter Typ. Außerdem verspürt jeder Mensch auch mal Angst und Scham, das ist völlig normal."

Auch wenn ich dem Krähenviech die Federn stutze: Es gehört auch zu mir, es hat seinen Platz bei mir, aber nicht mehr so mächtig und unkontrolliert, es kriegt fortan ein kleines Nest. Und da kann es flattern und brüten wie es will. Ich gebe ihm Raum. Genau wie dem schönen Papageien, der mir hoch und heilig verspricht, ab jetzt als treuer Begleiter zur Seite zu stehen. Ich glaube ihm, denn Papageien lügen nicht.

9 Zurück im Leben

Einige Monate nach der Therapie in Bad Bramstedt. Ich habe es geschafft. Ich bin zurück im Leben, die Suche hat aufgehört. Die Nacht ist beendet und die Vormittagssonne scheint mir hell ins Gesicht. Tau glitzert auf der Wiese in unserem Garten. Meine Frau sitzt neben mir und lächelt mich an. Der innere Kritiker hockt etwas missmutig abseits im Schatten auf dem Komposthaufen und schmollt vor sich hin. Der Befürworter hingegen spielt fröhlich mit unserem Hund. Die Krähe (mit gestutzten Federn) und der große Papagei flattern miteinander auf der Veranda herum und streiten sich um etwas Vogelfutter.

Ein Gefühl der Leichtigkeit umgibt mich. Über 20 Jahre lebe ich nun schon mit der sozialen Phobie. Über 2 Jahre davon waren nicht lebenswert - doch ich habe es durchgestanden, habe mich durchge-kämpft, mit Unterstützung. Jetzt, endlich, habe ich einen Weg gefunden, mich zu befreien. Jene eine Therapiestunde im Januar 2015 in Bad Bramstedt hat den zusätzlichen Tropfen gebracht, welcher das Fass der Heilung, den goldenen Trank, zum Überlaufen brachte. Ich lebe nun gut mit der Angst, habe mich gut mit ihr arrangiert. Sie nimmt nicht mehr so viel Platz ein, sie hat ihren überdimensionalen Schrecken verloren. Ich kann mich wieder mit Freunden treffen, auch ohne Alkohol. Ich kann wieder arbeiten, bin endlich wieder ein Teil der Welt. Ich bin weiter als jemals zuvor, und es ist großartig.

Angstfrei zu leben geht nicht. Medikamente nehme ich noch: Paroxetin und Quetiapin. Ich bin noch immer manchmal unsicher, fühlte mich zuweilen eingeengt und bin manchmal sehr angespannt, aber es frisst mich nicht mehr auf. Angst, Scham und Wut rasen nicht mehr so massiv in mir und überrollen mich. Ich bin bereit, mich auch mal auf die „Bämm-Ebene" zu begeben, wenn es sein muss. Und es ist nicht mehr so schlimm. Souveränität und Unsicherheit sind sich viel näher gekommen, stellen fast schon eine Einheit dar. Für den Rest meines Lebens werde ich mit verschiedenen Elementen der sozialen Phobie leben (müssen), aber wenn es ein Zustand ist wie jetzt, dann bin ich einer der glücklichsten Menschen der Welt. Die Maske trage ich nur noch selten, es ist nicht mehr notwendig. Ich kann mich nun annehmen und bin echt.

An dieser Stelle möchte ich allen Menschen, die an einer sozialen Angststörung (+ Depression + Suchterkrankung + Persönlichkeitsstörung) leiden, Mut zusprechen. Die lange Nacht kann aufhören. Ihr selber könnt, mit etwas Hilfe, Euren individuellen Schlüssel finden. Es lohnt sich niemals aufzugeben. Der Weg kann manchmal steil und hart sein, aber wenn Ihr am Ziel seid, dann habt Ihr gigantischen Mut bewiesen. Ihr habt die Pyramiden gebaut und wart als erster Mensch auf dem Mond. Ihr habt die Wüste Gobi durchschritten und den Pazifik durchschwommen. Das Penicillin habt Ihr erfunden und den ersten Mikrochip. Und der Pest habt ihr getrotzt. Real Madrid habt Ihr ganz alleine im Finale der Champions League 5:1 an die Wand gespielt. Dreht Euch nun um und schaut auf das, was Ihr durchstanden und erreicht hat. Schaut genau hin und seid stolz! Seid stolz auf Euch selbst! Es fühlt sich fantastisch an!

10 Quellenangaben

Bohne, M. (2011): Bitte klopfen! Anleitung zur emotionalen Selbsthilfe. Carl Auer Verlag.

Clark, D. M.; Wells, A. (1995). A cognitive model of social phobia. In Heimberg, R.; Liebowitz, M.; Hope, D.; Scheier F. (Hrsg.): Social Phobia: Diagnosis, Assessment and Treatment. S. 69-93. Guilford

Merkle, R. (2001): So gewinnen Sie mehr Selbstvertrauen: Sich annehmen, Freundschaft mit sich schließen, den inneren Kritiker besiegen. PAL-Verlag

Schulz von Thun, F. (1981): Miteinander reden: Störungen und Klärungen. Psychologie der zwischenmenschlichen Kommunikation. Rowohlt

Stavemann, H. (2010): Im Gefühlsdschungel: Emotionale Krisen verstehen und bewältigen. Beltz-Verlag.

Wawerzinek, P, (2013): Schluckspecht. Verlag Galiani

Wittchen, H.-U.; Beloch, E.; Garcynski, E. (ohne Jahresangabe): Ratgeber: Soziale Phobie. Wege aus der sozialen Phobie.
► http://ppp-baden.ch/download/ratgeber_soziale_phobie.pdf

11 Anhang. Was hilft gegen eine soziale Phobie?

a) Medikamente

Aus Sicht des Autors dieses Buches können Medikamente definitiv eine wirksame Unterstützung sein. Bitte bedenke aber, dass nicht jedes Medikament auch bei jedem wirkt (und vor allen Dingen, dass es oftmals mehrere Wochen dauern kann, bis ein Effekt eintritt).
Schaue bitte einmal unter diesem Link:

http://ppp-baden.ch/download/ratgeber_soziale_phobie.pdf

Als wirksam gegen soziale Phobie gelten z.B.:

Citalopram, Cipralex, Sertralin, Venlafaxin, Mirtazapin, Paroxetin, Moclobemid, Fluoxetin z.T. auch Lyrica, Opipramol, Quetiapin, Buspiron, Lorazepam (Tavor) [Achtung: Hohes Abhängigkeitspotential bei Tavor. Ein Entzug ist die Hölle auf Erden und kann lebensbedrohlich sein!!]

Grundsätzlich ist es natürlich vor der Einnahme von Medikamenten ZWINGEND (!!) erforderlich, einen Arzt aufzusuchen. Du solltest Dich unbedingt individuell beraten lassen und auch mögliche Nebenwirkungen besprechen.

b) Psychotherapie

(Tiefenpsychologische Gesprächs- bzw. kognitive Verhaltenstherapie oder Hypnose)

Um einer Chronifizierung der sozialen Phobie etwas entgegenzusetzen ist eine Psychotherapie vermutlich unabdingbar. Hierbei sind Therapien mit persönlichen Kontakten Internettherapien vorzuziehen. Aber auch eine Therapie über das Web kann eine Besserung erzielen.

Zu nennen ist auch die zunächst einmal etwas esoterisch anmutende „Klopftherapie". Bei einigen Patienten hat sich diese Therapie als hilfreich erwiesen.

Empfehlenswert ist auch ein mehrwöchiger, stationärer Aufenthalt (dafür ist lediglich eine ärztliche Überweisung sowie die Kostenzusage der Krankenkasse nötig - allerdings auch viel Geduld).

c) Sich konfrontieren und (in der Realität) üben, üben, üben

Das wohl wirksamste Mittel. Es empfiehlt sich natürlich, zusätzlich eine Psychotherapie in Anspruch zu nehmen. Übe vorsichtig, achtsam und in kleinen Schritten. Überfordere Dich nicht. Wenn das keine Besserung mit sich bringt: Lies bitte Kapitel 8.4.

d) Entspannungsübungen/Sport

Insbesondere Ausdauersport (z.B. Jogging, Wandern) hat eine nachweisbar gute Wirkung. Natürlich kann auch jegliche in Gruppenform ausgeübte Aktivität hilfreich sein. Ausprobieren!

Als Entspannungsübungen sind beispielsweise autogenes Training, Qigong, Meditation oder die progressive Muskelentspannung nach Jacobson zu nennen.

e) Selbsthilfegruppen

Diese können, je nach Zusammensetzung der Gruppe, ein guter Rückzugsort sein, an dem man sich verstanden fühlt und hilfreiche Ratschläge erhält.

f) Ratgeber/entsprechende Internetforen

Die wohl „besten" Internetforen (weil am häufigsten besucht und sehr gut moderiert) sind die Portale http://www.sozcafe.de oder auch http://www.psychic.de. Einfach mal reinschauen.

Ratgeber in Buchform existieren in großer Zahl. Nach subjektiver Ansicht des Autors sind insbesondere die folgenden Werke zu nennen:

Markway, Barbara. G.; Markway, Gregory. P. (2012): Frei von Angst und Schüchternheit. Soziale Ängste besiegen. Ein Selbsthilfeprogramm. Beltz-Verlag.

Stavemann, Harlich. (2010): Im Gefühlsdschungel: Emotionale Krisen verstehen und bewältigen. Beltz-Verlag.

Wolf, Doris. (2008): Soziale Angst, Soziale Phobie. Selbsthilfe Strategien für den Umgang mit sozialer Angst, siehe auch: www.expertenrat.info.

g) Positive Affirmationen

Angenehm können z.B. selbst besprochene Aufnahmen mit positiven, angstlösenden Sätzen sein. Denkbar ist es auch, solche Aufnahmen zu kaufen. Beispiele hierfür sind z.B. die Plattformen:

http://www.justmind.de

h) Arbeit am eigenen Selbstwert

Sei fair zu Dir selbst. Gehe behutsam mit Dir um und tausche alte, negative Denkmuster gegen realistische, positive Grundannahmen aus. Fördere den eigenen Befürworter.

Arbeit am eigenen Selbst ist ein überaus wichtiges und umfangreiches Thema.

Ein guter Einstieg hierzu:

Merkle, Rolf. (2001): So gewinnen Sie mehr Selbstvertrauen: Sich annehmen, Freundschaft mit sich schließen, den inneren Kritiker besiegen. PAL-Verlag.

Ein herzlicher Dank gilt folgenden Sponsoren: